DOE JE DROOMBAAN!

'Niet iedereen heeft een droombaan, maar je kunt er wel aan werken. Dit boek verhaalt van mensen die met passie en bevlogenheid hun werk uitvoeren. De verhalen laten zien dat arbeidsvreugde in een klein hoekje zit. Een echte aanrader!'
— Arnold Bakker, hoogleraar Arbeids- en Organisatiepsychologie

'Waarom zou je in een saaie job blijven hangen als er zoveel leuks is te doen op de wereld? Met zijn ervaringen hoopt Joost anderen te inspireren.'
— *Flair*

'WAKKER WORDENNNNNN! DOE JE DROOMBAAN, LUISTER NAAR JOOST! Als je leert voelen met je hersenen en luisteren met je hart, dan ben je op het spoor van Joost Veldman! Hij doet een boekje open om dromen voor iedereen inzichtelijk te maken. Durf te kiezen en ga er voor! Dat lees je in alle verhalen. Als je aarzelt, dan groeit alleen de angst om te falen. Als je 't waagt, groeit je moed! Kansen komen nooit bij mensen die erop wachten, maar worden juist gegrepen door hen die ze pakken. Dus waar wacht je nog op? Dank Joost, het was een droom om met je werken…'
— René C.W. Boender - Brain agent & auteur *Great to Cool*, *Cool is Hot* en *Generatie Z*

'De helft van de werkende bevolking koestert geen enkele illusie als het om werken gaat. Gelukkig zijn er mensen die het positieve verschil maken. Joost Veldman laat op indringende wijze zien dat de moed om voor je eigen dromen te kiezen wel degelijk loont. Ook in tijden van crisis! Dit is een boek dat je niet alleen moet lezen, maar ook moet weggeven. Iedereen verdient het immers om zijn eigen droombaan te vinden. Door je te laten inspireren door de levensechte portretten, kun je een forse stap in de goede richting zetten.'
— Hans van der Loo - Consultant en auteur van *Plezier & Prestatie* en *We hebben er zin in*

JOOST VELDMAN

DOE JE DROOMBAAN!

Spectrum

Uitgeverij Unieboek | Het Spectrum bv, Houten – Antwerpen

Spectrum maakt deel uit van Uitgeverij Unieboek | Het Spectrum bv,
Postbus 97
3990 DB Houten

Eerste druk 2012
Omslagontwerp: Colourtree
Omslagfoto auteur: Stef Nagel
Zetwerk: Elgraphic bv, Schiedam

ISBN 978 90 00 31316 7
NUR 809
www.unieboekspectrum.nl
www.doejedroombaan.nl

Inhoud

Hoe het begon

Een overvolle bus met mensen en kippen, psychedelische panfluit-muziek en een roekeloze chauffeur. Het is juli 2009 en ik bevind mij in Zuid-Amerika. Al honderden kilometers ben ik samen met mijn vrouw Marleen op weg naar onze volgende bestemming. Alle tijd om mijn gedachten de vrije loop te laten.

En niet alleen over de avonturen die we de afgelopen maanden samen hebben beleefd. Onze huwelijksreis begon in Brazilië bij de Pataxos-indianen. Daar wachtte ons de verrassing dat we binnen een week tijd voor de tweede keer in de echt werden verbonden, maar nu op hun traditionele indianenmanier. Wekenlang bivak-keerden we bij deze indianenstam en we organiseerden onder andere een sporttoernooi. Hierna zaten we tussen de *ultras* van voetbalclub Boca Juniors in Argentinië, zagen we de mooiste zonsondergang ooit in Chili en beleefden we een dodenrit op de mountainbike in Bolivia. In Peru suisden reusachtige condors boven ons hoofd. Vandaar gingen we op weg naar onze allerlaatste bestemming: Ecuador.

En dan? Wat ga ik doen als ik terug ben in Nederland? Deze droom-reis is bijna voorbij, wat wordt dan mijn volgende droom? Een vluchteling helpen, de marathon van New York lopen of misschien ooit nog de ruimte in?

Tijdens een van de plasstops kom ik terecht op een markt, die uitkijkt op alle kleurrijke kraampjes. Vol overgave storten de marktlui zich op hun klanten en op mij. Wat hebben ze een mooi beroep en wat is het geweldig om die bevlogenheid te zien. Ik vraag me af hoe het zou zijn om eens in de huid te kruipen van een marktkoopman. Hoe zou het zijn om dit beroep eens een dag uit te proberen? En dan is het idee geboren voor mijn droombaanavontuur dat anderhalf jaar later vorm zal krijgen.

Eenmaal terug in Nederland stort ik me weer op mijn werkzaamheden als fondsenwerver voor goede doelen. Tegen het eind van het jaar maak ik de balans op. Een aantal van de dromen die ik tijdens de reis had, heb ik uitgevoerd of heb ik losgelaten. Zo heb ik een vluchteling geholpen met taalles, maar blijkt de ruimtereis voorlopig nog even te hoog gegrepen... en te duur (ik hoorde dat je via het speeltje Virgin Galactic van serie-ondernemer Richard Branson vanaf 2013 een particuliere ruimtevlucht kunt maken voor 200.000 dollar).

Het oorspronkelijke idee om met een marktkoopman mee te lopen, heeft zich inmiddels verder ontwikkeld. Het lijkt me fantastisch om hier een groot project van te maken en bij meerdere beroepen een kijkje in de keuken te nemen. Het is toch fascinerend om tientallen beroepen uitgeprobeerd te hebben! En dan het liefst met mensen die gepassioneerd over hun werk kunnen vertellen.

Tijdens een speurtocht op internet stuit ik op een onderzoek van TNS NIPO uit 2008 waaruit blijkt dat 18% van de Nederlanders zegt zijn of haar droombaan te 'doen'. Want een baan *heb* je niet alleen, die *doe* je natuurlijk vooral! Ik vind het geen opbeurend gegeven. Waarom hebben maar zo weinig mensen hun droombaan en wat zijn de geheimen van de mensen die het wel is gelukt om er een te hebben? Ik besluit dat ik met mijn project mensen wil inspireren om op zoek te gaan naar hun droombaan.

Het is dan oktober 2010. Ik bespreek het idee met Marleen, die meteen ontzettend enthousiast is. Ik besluit het project in april 2011 van start te laten gaan en de komende tijd mijn vrije uurtjes voor de voorbereiding te gebruiken. Met behulp van allerlei mensen wordt mijn droombanenproject aangescherpt en krijgt het langzaam vorm. Een naam wordt bedacht, een logo ontwikkeld, een fotoshoot ingepland. Ik verdiep me in Wordpress voor het bouwen van een website en laat tweehonderd t-shirts bedrukken. Ik ga op zoek naar mediapartners en heb enkele oriënterende gesprekken met potentiële sponsors.

Intussen heb ik ook een mooi goed doel gevonden, dat ik wil koppelen aan mijn project. Het is een project van War Child in Oeganda, waar jongeren een vakopleiding kunnen doen waarmee ze de kans krijgen op een betere toekomst. Zo komen twee oude liefdes ook weer bij elkaar. Eerder heb ik jarenlang voor War Child gewerkt en ook ruim een jaar in een vluchtelingenkamp in Noord-Oeganda, voor de organisatie Right To Play.

April 2011 komt steeds dichterbij, en als ik ga beginnen wil ik minstens voor een paar maanden droombanen hebben ingepland. Ik stel een wensenlijst op van beroepen waarin ik graag een dag mee zou willen lopen en benader mensen uit mijn eigen netwerk en via via. Mijn eerste vraag luidt altijd: 'Doe je je droombaan?' Gelukkig zijn heel veel mensen enthousiast en willen ze graag aan mijn project meewerken.

Wat sponsoring betreft krijg ik bij een aantal bedrijven te horen dat ze eerst wel eens willen zien hoe dit project gaat lopen en weer anderen hebben geen budget voor 'leuke' dingen. Toch laat ik me niet van de wijs brengen en ga ik hoe dan ook beginnen met mijn project. De sponsoring komt dan later wel, en per slot van rekening is dit mijn eigen droom die ik wil realiseren.

Voor de start van het project ben ik op zoek naar een ludieke opening. Ik bel met de beurs om daar de openingsgong te mogen slaan,
maar ik voldoe niet aan de gestelde criteria. Nog wat andere ideeën
passeren de revue, zoals een bekende voetballer laten aftrappen,
een hamerslag laten horen van een veilingmeester of een lintje
doorknippen door een look-a-like van prinses Maxima.

Maar uiteindelijk lijkt het me het mooist om het project symbolisch
te laten openen door de minister van Sociale Zaken en Werkgele-
genheid. Na tientallen telefoontjes naar het Ministerie mag ik op
maandag 11 april het eerste doejedroombaan-shirt overhandigen
aan Minister Henk Kamp. Ik heb persberichten verstuurd, en op de
dag zelf heb ik een fotograaf bereid gevonden om mooie foto's te
maken. Met de opening begint een jaar vol avontuur, bijzondere
gebeurtenissen, mooie ontmoetingen en inspirerende momenten.
Maar ook een jaar van keihard 'werken', doorzettingsvermogen tonen en mensen achter hun broek aanzitten.

Je leest nu een boek dat mijn droombaanavontuur beschrijft. Laat
je inspireren en meeslepen door de verhalen van mensen die hun
droombaan doen. En mocht je het nog niet doen, dan kan ik je maar
één ding toewensen: doe je droombaan!

Joost Veldman

Wegwijzer

Hoe gelukkig ben jij in je werk? Doe jij werk waar je plezier aan beleeft en wat bij jou past, of meer omdat er nu eenmaal brood op de plank moet komen? Uit onderzoek van Amy Wrzesniewski (1997) naar de zingeving van werk blijkt dat mensen op drie verschillende manieren naar hun werk kunnen kijken.

De eerste groep mensen ziet hun baan als werk; niets meer en niets minder dan een manier om gewoon geld te verdienen. Je verschaft deze mensen plezier door de taken in hun werk eenvoudiger te maken. De tweede groep ziet hun baan als carrière. Het is een tussenstation om hogerop te komen, gericht op de eigen ontwikkeling. Deze groep mensen kun je motiveren met kansen en opleidingen. En de derde groep mensen ziet hun baan als een roeping. Deze groep werkt niet zozeer voor geld of promotie maar omdat ze het willen, het leuk vinden en erin geloven. Deze groep zoekt naar manieren om hun werk efficiënter en beter te doen. Ze doen meer dan van ze wordt verwacht. In hun visie verbeteren ze dagelijks het leven van anderen.

Het blijkt dat mensen uit de laatste groep tevredener zijn met hun werk, maar ook gelukkiger zijn in het leven. Daarnaast blijkt deze groep in een team ook beter te presteren. Dit onderzoek is gedaan onder meerdere beroepsgroepen. En het interessante is: deze indeling blijkt ook voor alle beroepsgroepen te gelden. Zowel voor mensen die vanuit zichzelf al een hoog roepinggehalte hebben zoals bijvoorbeeld dominees of mensen in de zorg, als voor mensen waar je dit niet zo snel zou verwachten. Bijvoorbeeld voor schoonmakers.

En tot welke groep behoor jij eigenlijk? Loop jij op maandag al te zuchten en steunen dat het nog zo lang duurt voordat het weekend is? Of ga je fluitend naar je werk en vergeet je regelmatig dat je aan het werk bent? Zou je ook willen dat je voldoening haalt uit je werk? Dat je jouw kwaliteiten in kunt zetten en plezier beleeft aan het werk dat je doet? Wij werken in ons leven gemiddeld zo'n 45 jaar. Als je daar alle vakantiedagen, ziektedagen en dergelijke van af trekt kom je uit op ruim 80.000 uur. Dat zijn hele lange uren als je niet het werk doet wat je het liefste doet.

In dit boek komen mensen aan bod die plezier in hun werk hebben, die doen waar ze goed in zijn en die voldoening uit hun werk halen. Kortom, mensen die hun droombaan doen. Van april 2011 tot en met april 2012 heb ik meegelopen met 175 mensen die hun droombaan doen. Of dit nu een veilingmeester, visagist of een vuilnisman is, een loods, logopedist of een loodgieter – allemaal hebben ze gemeen dat ze hun droombaan doen.

Dit boek bestaat uit vijf delen.

Deel 1 beschrijft wat nu eigenlijk een droombaan is. Hierin worden de 5 p's beschreven waaraan een droombaan voldoet.

Deel 2 gaat over droombanen an sich: zijn deze voor iedereen weggelegd of slechts voor een handjevol mensen? Maakt het uit hoe oud je bent, wat voor opleidingsniveau je hebt, als zelfstandige werkt of in loondienst? Of kun je jouw droombaan alleen doen als je van jongs af aan al weet wat je wilt doen?

Deel 3 beschrijft wat een baan nou tot een droombaan maakt voor de mensen met wie ik ben meegelopen. Is dit voor iedereen hetzelfde of zijn de redenen verschillend?

Vervolgens gaat deel 4 in op de geheimen van mensen met een droombaan. Wat doen zij wat anderen niet doen en wat kun jij daarvan leren?

Deel 5 gaat ten slotte over de reden waarom je jouw droombaan zou moeten doen.

In elk hoofdstuk staan cases van droombaanhouders met hun beroep. Deze cases beschrijven onder andere hoe het afgelopen jaar mijn dag met hen eruitzag. Elk deel sluit af met een korte samenvatting en een beschouwing. En aan het eind van elk deel staan negen droombaantips genoemd, van mensen die hun droombaan doen. Af en toe haal ik eigen onderzoek aan dat ik onder de 175 mensen heb gedaan. Op een tienpuntsschaal heb ik hun gevraagd hoe belangrijk ze een aantal stellingen vinden voor hun droombaan.

Ik hoop dat je ook geïnspireerd raakt door de verhalen van deze mensen. En zoals bij elke reis, begint ook dit droombaanavontuur met het zetten van de eerste stap... Welkom aan boord!

Deel I

Wat is een droombaan?

Debiteuren Crediteuren – Een schitterend ongeluk

Jos: Zeg, hé, Edgar.

Edgar: Jos!

Jos: Ik heb hem meegenomen hoor.

Edgar: Wat?

Jos: Let op...

Edgar: De stift!

Jos: De viltstift.

Edgar: Ja nou, dat werd hoog tijd ja, nou kom op man!? Eens even kijken, uuh...

Jos: Waar zitten we nu?

Edgar: We zitten nu op, uh...

Jos: Week elf.

Edgar: Zesentwintig.

Jos: Goeiedag zeg.

Edgar: Goeiedag zeg, hier, kijk! Wat hebben we allemaal niet weggestreept?

Jos: Nou, dan gaan we hier verder met strepen.

Edgar: Strepen maar, die hebben we gehad...

Jos: Die hebben we gehad... Zo, die kan ook weg. Weekenden slaan we over natuurlijk. Zo die kan weg, die kan weg, die... even kijken...

Edgar: Hier, zesentwintig.

> **Jos:** Nu, even rekenen... Dan zitten wij nu toch al op precies 279 dagen van...
>
> **Edgar:** Vanaf de vakantie en dan gaat deze jongen weer met de caravan... gaat-ie er weer opuit.
>
> **Jos:** 'Vamos a la playa', de stranden wachten!
>
> **Edgar:** Zo is dat, Jos... Zesentwintig alweer...
>
> **Jos:** Ja ja ja. Enne, nog eens wat anders, wat voor dag is het vandaag?
>
> **Edgar:** Dinsdag, wat anders?
>
> **Jos:** Dus wie komt er morgen langs?
>
> **Edgar:** Uhh, morgen zeg je, uhh... Ik weet het niet.
>
> **Jos:** Woensdag.
>
> **Edgar:** Ik weet het niet.
>
> **Jos:** Zaagmans! Om de week doormidden te zagen.

Wie kent de populaire serie *Debiteuren Crediteuren* niet, uit de jaren negentig van de voorgaande eeuw? Dit was een persiflage van de heren van Jiskefet op het kantoorleven. Steeds terugkerende items waren juffrouw Jannie die met de koffie langskomt, het leven van Storm bij de commando's en de vraag wat er vandaag weer op de boterhammetjes zat. Levend van weekend naar weekend en van vakantie naar vakantie: op het kantoor van Jos, Edgar, Storm en Juffrouw Jannie overheerst totale apathie.

Veel mensen die ik sprak over mijn project, vroegen zich af wat een droombaan nou eigenlijk is. Sommigen denken dat het iets is waar je als kind al van droomde. Anderen denken dat het iets heel zweverigs is. Weer anderen grapten over een barretje op een subtropisch eiland. En sommigen leek het een droombaan als ze helemaal niets hoefden te doen. In ieder geval voldoet een droombaan niet per se aan de hierboven genoemde omschrijvingen. Natuurlijk zijn er mensen die op jonge leeftijd een droom hadden om die op latere leeftijd waar te maken, maar het leeuwendeel van de mensen met een droombaan heeft dat niet – zo blijkt uit mijn droombaanjaar. Een droombaan is zeker niet zweverig; de droom om een barretje te beginnen op een subtropisch eiland zegt vooral iets over iemands hang naar vrijheid. En niets doen, zoals de heren uit *Debiteuren Crediteuren*? Uit onderzoek (van Stefan Klein, 2003) blijkt dat geen mens daar gelukkig van wordt! Dus wat is een droombaan dan eigenlijk? In dit deel van het boek worden de kenmerken beschreven waaraan een droombaan voldoet: passie, passend werk, plezier, persoonlijke en maatschappelijke voldoening en poen.

Hoofdstuk 1

Passie in je werk

Xavier schenkt klare wijn

'Die Pegasus gaat helemaal sprankelen bij het stukje krab terwijl de Weissbur-gunder beter in balans is bij de coquille.' Op mijn bord had ik net een allerheer-lijkst voorgerecht, terwijl wijnhandelaar Xavier Kat (41 jaar) de voorgeschotelde wijnen bespreekt met de sommelier van het restaurant in Haarlem waar we zijn. Het is half een 's middags, ik heb net een glas champagne en twee glazen witte wijn op, en het hoofdgerecht moet nog komen. En daar wordt uiteraard ook weer wijn bij geserveerd: een Cabernet-Merlot uit Nieuw-Zeeland en een Italiaanse Bolgheri.

Hij vertelt honderduit over de prachtigste wijnen, châteaux en wijngebieden, en zo ervaar ik waar de passie van Xavier van doordrenkt is. Hij is directeur van wijn-koperij Okhuysen, door experts aangeschreven als de beste in Nederland. Okhuy-sen importeert exclusief wijnen (behalve de Bordeaux) van zo'n 300 pure wijndo-meinen. Xavier speelt een grote rol in de selectie van de producenten: 'De wijnen moeten een natuurlijke balans hebben, fris zijn en elegant, en er moet een klik zijn met de lokale boer. Voor bijvoorbeeld de import van een Argentijnse wijn zijn we pas na drie oogsten geproefd te hebben in zee gegaan met de producent. Kwaliteit is de basis.' De inkoopprijzen doet Xavier nog met zijn vader, die het eeu-wenoude wijnhuis jaren geleden nieuw leven heeft ingeblazen. Voor Xavier was het destijds helemaal nog geen uitgemaakte zaak dat hij de wijnhandel in zou gaan. Tijdens zijn studie aan de Hogere Hotelschool liep hij stage op een château in de Bordeaux, en daar raakte hij besmet met het wijnvirus. Na zijn studie woonde hij nog vijf jaar in Frankrijk, waar hij voor een handelshuis werkte. Ondanks de aanbiedingen die hij daar kreeg, ging hij in op de kans om zich in de zaak van zijn vader in te kopen.

Naast de inkoop doet Xavier ook veel aan marketing: 'We sturen vier keer per jaar het blad 'Vinée Vineuse' naar onze klanten, hebben een samenwerking met het 'NRC' en brengen bijvoorbeeld rond december altijd de top honderd van wijnen uit.' En dit is slechts een greep uit de communicatie die wordt onderhouden met de klanten, waarvan zo'n 65% particulier is, 30% uit toprestaurants bestaat en 5% zakelijk is. Daarnaast is Okhuysen ook de leverancier van het Hof. In de middag is een vertegenwoordiger van het wijnmerk Montlobre over de vloer, om een actie door te spreken die binnenkort aan klanten wordt aangeboden. 'Dit is een hele mooie wijn met een goede prijs-kwaliteitverhouding en onze klanten zijn er dol op. Vorig jaar verkochten we er zo'n 100.000 van.' Xavier is ook buiten zijn bedrijf bijzonder betrokken bij de branche: hij geeft les aan de Wijnacademie en is door de Fransen onderscheiden met een Mérite Agricole.

Xavier: 'Je kunt heel hoogdravend doen over wijn, maar 'in the end' komt het erop neer wat jouw persoonlijke smaak is. Het is wel zo dat naarmate je meer ervaring hebt met wijn drinken, je ook complexere wijnen aan kunt. Zo kreeg ik bijvoorbeeld ooit bij het vermaarde restaurant elBulli een wijn die bij 25 van de 32 hapjes spannend bleef en steeds weer een andere smaaksensatie opriep. Dat is geweldig! Ik ben zo blij dat ik met dit product mag werken, want van producent tot klant: iedereen wordt blij van wijn. Het is een product vol passie en die passie wil ik ook overbrengen.' Klare wijn dus!

Xaviers passie voor wijnen ontstond in Frankrijk toen hij bij een château stage liep, en daar vier maanden lang dag en nacht met wijnen bezig was. Urenlang kan hij vertellen over wijnen en wat er zo mooi aan is. Deze passie heeft ongetwijfeld ook te maken met het product waar hij mee werkt. Wijn roept bij heel veel mensen romantische gedachtes op. Dat heeft niet ieder product in zich. Want zeg nou zelf: wie wordt er enthousiast van urenlang naar een scherm kijken, grafieken bijhouden of stenen metselen?

Nou, bijvoorbeeld regisseuse Astrid Wisman. Zij tuurt een groot deel van de dag naar tientallen televisieschermen, en zij bepaalt uiteindelijk welke beelden bij ons in de huiskamer te zien zijn. Ook beleggingsanalist Royce Tostrams is gepassioneerd over zijn werk. Hij vindt het heerlijk als hij naar grafieken kan staren om de beurstrends te volgen, en daar analyses op los te laten.

En dan heb ik het nog niet eens gehad over metselaar Arnold Ros: hij vindt het prachtig om gebouwen op te knappen. Passie kun je dus eigenlijk wel in elk beroep terugvinden. En mensen met een droombaan doen hun werk met passie.

Je kunt heel hoogdravend zijn over een passie, maar er zijn ook veel andere manieren om ernaar te kijken. Ik versta onder passie dat je werk doet waar je warm voor loopt, en dat je bezig bent met wat je het leukst vindt om te doen. Dit uit zich in enthousiasme en de positieve manier waarop je over je werk praat. Zoals ook de volgende droombaanhouders omschrijven:

'Ik heb een passie voor kleding en kan die inzetten om mensen blij te maken.' – Kleermaker Rafael van Wezel
'Ik doe wat ik leuk vind en verdien er nog geld mee ook.' – Lachpsycholoog Alice van Leeuwen
'Ik kan de hele dag iets doen wat ik leuk vind.' – Creatief directeur Peter van der Helm

Kortom, het doen van je droombaan begint ermee dat je passie hebt in je werk.

Hoofdstuk 2

Passend werk

Een droombaan bestaat uit meer dan alleen passie. Je kunt namelijk wel passie in je werk hebben, maar als je iets doet wat niet bij je past haal je op den duur geen voldoening uit je werk. Dat brengt ons bij het volgende kenmerk van een droombaan: passend werk.

Tango Alpha Mike Alpha Romeo

'KLM one-nine-one-five, proceed direct to Artip expect landing runway eighteen R, decent to flight level seventy to cross Artip hundred or below.' Op het scherm voor mij zie ik van alle stipjes die bewegen een gele oplichten, die uit oostelijke richting komt. Luchtverkeersleider Tamar Klinkert (29 jaar) heeft net contact gehad met de piloot van het KLM-toestel 1915, hem opgedragen naar ankerpunt Artip te vliegen en zijn hoogte te verlagen naar 7000 voet.

Voordat het vliegtuig Schiphol tot op de landingsbaan is genaderd, heeft het een route afgelegd door diverse luchtruimen. Als het onder de 24.500 voet (ofwel 7,5 kilometer) Nederland binnenvliegt, staat het onder beheer van de afdeling Area Control waar Tamar werkzaam is. Vanaf een bepaalde straal rondom Schiphol draagt zij de verantwoordelijkheid over aan de afdeling Approach. Het vliegtuig mag dan al niet meer hoger vliegen dan 10.000 voet. De verkeerstoren neemt het werk over om het vliegtuig te begeleiden naar de landingsbaan. Deze procedure wordt ook gevolgd bij vertrekkend verkeer, en dat voor zo'n 1200 vliegbewegingen per dag.

Ik zit met Tamar in een grote zaal met allerlei radarschermen waar zij en haar collega's het verkeer in de lucht regelen. 'Ik ben trots op mijn beroep omdat ik een bijdrage kan leveren aan veilig luchtverkeer. Vaak beseffen mensen helemaal niet wat er allemaal om hen heen gebeurt als ze zijn opgestegen. Ik zie het als een grote uitdaging om de puzzel die ik elke keer weer voorgeschoteld krijg op te lossen.' Dat betekent ook dat ze goed moet communiceren met haar collega's, de piloten en met de partners in omringende luchtruimen. In dat puzzelen is ze ijzersterk. Wiskunde had altijd haar grote aandacht en na het vwo deed ze de studie econometrie. 'Van de bedrijven waar ik toen stage liep werd ik echter totaal niet warm, en ik was meer bezig met het uitzitten van de dag dan dat ik daar met plezier werkte.' Voor Tamar was dit een teken aan de wand om iets anders te gaan doen. Ze zag een wervingscampagne om luchtverkeersleider te worden, en dat deed haar terugdenken aan de tijd van de Bijlmerramp. 'Wij woonden daar vlakbij en het maakte een diepe indruk op mij. Ik heb toen ooit geroepen: later word ik luchtverkeersleider!' Ze doorliep een zeer strenge selectie, waarbij veertig van de duizend kandidaten overbleven. Tijdens haar opleiding maakte ze de keuze om voor de afdeling Area Control te werken. 'Dat paste het beste bij mij. Er komt iets meer planning bij kijken en je kunt op zoek gaan naar creatieve oplossingen: bij de luchtverkeerstoren moet je vaker hele snelle beslissingen nemen.' Terwijl ik tijdens de korte shifts (in verband met de concentratie is deze nooit langer dan twee uur en twintig minuten) in een zeer hoog tempo tientallen afkortingen om de oren krijg geslingerd.

Tamar is vandaag verantwoordelijk voor al het vliegverkeer dat van en naar het oosten en noorden gaat. Even moet er heel snel geschakeld worden als een Jordanees vliegtuig een doorstart maakt, omdat de piloot vanwege harde windstoten niet wil landen. Hij wijkt uit naar Hamburg, wat vervolgens wordt afgehandeld door Tamar en haar collega. Constant geeft ze aan allerlei vliegtuigen door op welk hoogte, met welke snelheid en in welke richting een vliegtuig moet vliegen. 'De verantwoordelijkheid is groot in deze functie, dus daar moet je wel tegen kunnen. Maar des te mooier is het als je dan successen boekt. Ik krijg bijvoorbeeld een kick om de vliegtuigen zo op een route te zetten dat ze heel netjes achter elkaar in een rij kunnen landen.' Echo November Delta.

Tamar doet duidelijk werk dat bij haar past. Ze houdt van het oplossen van moeilijke problemen: iets waar ze in haar werk voortdurend mee wordt geconfronteerd. Al tijdens haar studie kwam ze erachter welk werk niet bij haar paste. Bij de bedrijven waar ze stage liep werd ze niet voldoende getriggerd om haar talenten in te zetten. Toen ze de opleiding tot luchtverkeersleider deed, maakte ze ook een duidelijke keuze. Ja, ze had kunnen kiezen voor werk in de luchtverkeerstoren, waar je mooi uitzicht hebt op de banen van Schiphol, maar ze koos voor het werk achter de radar. Waarom? Omdat dat echt iets voor haar is. Hier heeft ze meer ruimte om planningen te maken en creatief te handelen. Iets wat haar veel beter ligt. Ze is zich bewust van haar kwaliteiten, en heeft daar vervolgens ook haar werk van gemaakt.

Niet iedereen is zich al zo jong bewust van de eigen kwaliteiten. Toch heeft iedereen unieke talenten. Een talent is eigenlijk een natuurlijke aanleg van iets wat jou makkelijk afgaat, en anderen niet. Dat betekent overigens niet dat je er bent als je jouw talenten hebt ontdekt. Je moet deze ook blijven ontwikkelen, en dat vergt oefening en motivatie. In de oudheid was een talent niets anders dan datgene waar je geld mee kon verdienen. Vandaag de dag, en in dit verband, lijkt dat me eigenlijk helemaal geen gekke betekenis. Als je je talenten inzet in je werk, dan vind je een baan die bij je past.

Maar komen ook je persoonlijke eigenschappen terug in je baan? Als ik het aan loods Willem Bentinck vraag, vindt hij dat hij rustig is en goed kan luisteren. Twee cruciale eigenschappen voor zijn beroep als loods. Terwijl theatermaker Johan Cahuzak van nature gedreven is, en een grote mond heeft: dit zijn aspecten die hij nodig heeft voor zijn baan. Om nog een voorbeeld te noemen: vertegenwoordiger Ron Yanse is spontaan en zelfverzekerd. Dit zijn belangrijke eigenschappen om te doen waar hij goed in is. In de praktijk merk je al snel genoeg of je werk doet wat bij je past. Als je constant op je tenen moet lopen of je verveelt je juist, dan doe je waarschijnlijk geen werk dat past bij jouw unieke talenten en jouw persoonlijkheid.

De mensen met een droombaan geven aan (met een gemiddelde score van 8.6) dat ze het erg belangrijk vinden om werk te doen dat bij hen past.

Hoofdstuk 3
Plezier in je werk

Dokter Onno Zel

'Ik heb een financiële injectie voor u.' Met een pen in de vorm van een injectienaald stapt dokter Onno Zel op de eerste de beste voorbijganger af. Hij vervolgt: 'Wij kunnen alles bij u opkopen.' 'Ook mijn vrouw?' grapt de verbaasde passant. 'Nee, helaas geen levende have meneer.' Met zijn te grote bril, stethoscoop en doktersjas breekt dokter Onno Zel het ijs voor de klant waarvoor hij vandaag op de beurs staat.

Ik ben mee met de enthousiaste entertainer Hans van Gils (58 jaar). Als vierde telg in een gezin van tien kinderen deed hij in zijn jeugd van alles om op te vallen. Zo leerde hij op achtjarige leeftijd eens alle rollen van een kerststuk uit zijn hoofd: hij wilde per se een rol bemachtigen. Na de mulo rolde hij de horeca in, waar hij als barman leerde hoe hij mensen kan entertainen. Maar na negen jaar had hij genoeg van de horeca, en werkte hij een paar jaar met verstandelijk gehandicapten. Via een kennis ging hij bij een amateurtheater spelen en volgde hij een clownerie workshop. Dat smaakte naar meer en op zijn vierendertigste begon hij met het regisseren van straattheater. 'Ik kwam in aanraking met een andere entertainer, en vanaf 1991 begonnen we te spelen als het duo Knans en Knees. Ik ontdekte dat ik hier heel erg blij van werd en leerde me het vak zelf aan,' aldus de energieke Van Gils. Toen was het nog niet zo gebruikelijk om op feesten voor particulieren en bedrijven op te treden, dus de twee zagen een heel groot speelveld voor zich liggen. Tegenwoordig speelt hij vaak alleen, maar ook nog

wel in andere samenstellingen. 'Dat hangt helemaal af van wat de klant wil.'
Van Gils: 'Het leuke van mijn werk is om steeds weer nieuwe typetjes te bedenken.
Daarbij moet je blijven investeren in jezelf.' Zo kocht hij voor het typetje de 'nichte-
rige fotograaf' eens zeer professionele foto-apparatuur. 'Kijk, je moet je rol natuurlijk wel serieus nemen. Dat geldt zeker tijdens het spelen. Het geeft nog altijd een
kick als ik vier typetjes achter elkaar moet wegzetten en dat mensen me compli-
menteren met het feit dat het totaal verschillende personages waren.' Zo heeft hij
vandaag de dag een arsenaal van zo'n twintig verschillende rollen: van Joop de
Tropenkolder tot Daisy de gastvrouw en de grasheer (waarin hij totaal verkleed in
een graspak een act heeft ontwikkeld) tot Tony Penozi. 'Zo'n typetje als dokter Onno
Zel is ontstaan door mee te denken met de klant. Dat vind ik ook het leuke aan mijn
werk. Vaak ontwikkelt zo'n personage zich tijdens het spelen. Ik mag dit typetje nu
al een paar jaar doen op beurzen waar de klant staat. Geweldig toch!'
Hans spreekt met veel plezier over zijn vak. 'Het is toch heerlijk om datgene te
doen wat ik het leukste vind: plezier bezorgen aan mensen. Natuurlijk vinden
sommige mensen het niet leuk om geëntertaind te worden, dat moet je accepte-
ren. Soms is je inschatting tijdens een voorstelling ook totaal anders dan de reacties na afloop. Dan komen mensen naar je toe die zeggen echt genoten te hebben, terwijl ze even daarvoor nog op een veilige afstand zaten te kijken.'

Ervaar jij net als Hans plezier in je werk? Hij kijkt nog elke keer uit
naar een optreden. Ook vervult zijn werk hem met trots. Maar er
zijn meer aspecten die erop duiden dat hij plezier in zijn werk
heeft. Zo benadert hij zijn werk proactief, door steeds weer verschillende nieuwe rollen te bedenken en ook ter plaatse zijn typetjes verder door te ontwikkelen. Hij vertelt enthousiast over zijn
werk en ziet er energiek uit terwijl hij dat doet. Toen ik met hem
meeliep was een twinkeling in zijn ogen zien. Ook is het vertrou-
wen in zichzelf in zijn werk belangrijk, zeker omdat hij niet altijd
kan inschatten hoe het publiek op hem reageert. Hans voelt zich
gewaardeerd door zijn klanten en door het publiek.

Andere mensen met een droombaan geven als als reden waarom
het hun droombaan is:

'Ik ga elke dag met plezier naar mijn werk en met plezier weer naar huis.' – Trendteller Rene Boender
'Elke dag mag ik met ontzettend veel plezier mijn ding doen.' – Beleggingsanalist Royce Tostrams
'Ik kan mijn energie kwijt in mijn werk.' – Printoperator Etienne van Basten

Plezier in je werk ontstaat als je passie hebt in je werk, en ook nog werk doet dat bij je past. Op de vraag 'Wat maakt je baan tot je droombaan?' wordt plezier in het werk bij de 175 mensen met wie ik heb meegelopen, het allerbelangrijkste gevonden. De gemiddelde waardering voor werkplezier is een 9,5!

Hoofdstuk 4

Persoonlijke en/of maatschappelijke voldoening

Een vierde element van een droombaan is voldoening. Dat kan zowel persoonlijke als maatschappelijke voldoening zijn.

Bloemen houden van Linda

Geroezemoes klinkt door het zaaltje, zo'n vijftig man zit met een lekker bakje koffie te wachten op wat komen gaat. Vanavond is de Tuinkring uit Zuidwolde bij elkaar gekomen voor een demonstratie bloemschikken. Gestoken in een zwart T-shirt en dito schort met de naam FLORA PROJECTS steekt bloembinder Linda Eising (29 jaar) van wal. En ik loop vandaag met haar mee.

Tijdens de demonstratie tovert ze in een uur tijd de prachtigste creaties uit haar hoge hoed. Van een frame van dode buxus met ornithogalem, tot een kersttaart van steekschuim. De aanwezigen vinden het schitterend en hebben genoeg inspiratie om zelf aan de slag te gaan voor de donkere dagen rond de kerst. Linda volgde de mbo-opleiding tot bloembinder. Tijdens een stage bij een bloemenbedrijf werd ze gestimuleerd om aan wedstrijden mee te doen. Ze waagde een poging via Skills Talents en werd prompt Nederlands kampioen bij de junioren. En dat smaakte naar meer: 'Alles wat ik doe wil ik met volle overgave doen. Ik gebruikte tijdens mijn studie veel van mijn vrije tijd om vrijwillig te helpen bij projecten en ervaring op te doen. Ook vandaag de dag is mijn motto: "een leven lang leren".'

Deze drang naar kennis en ervaring vertaalde ze onder meer door na de mbo-opleiding een hbo-lerarenopleiding te doen. 'Ik vind bloemschikken een ontzettend mooi vak en wil mijn opgedane kennis graag overdragen op anderen. Aan de andere kant wil ik ook graag zelf bezig zijn en mooie bloemstukken maken.' Dit deed haar ertoe besluiten om in 2006 deels als freelancer en deels als docent aan de slag te gaan.

Eerder op de dag dat ik met haar mee loop, ben ik aanwezig in de klas bij een groep die volwassenenonderwijs volgt bij TerraNext. De aanwezige dames staan in het dagelijks leven in de bloemenwinkel, en willen hun kennis vergroten. De opdracht die ze moeten doen is een auto versieren met het thema 'droombanen'. Alle toeters en bellen worden uit de kast gehaald.

Tijdens de evaluatie wijst Linda onder meer op de manier van bevestigen: 'Nooit je bloemstuk aan een spiegel vastmaken, want als de deur open- en dichtgaat hangt je touw weer slap,' en hamert ze op de techniek. 'Je kunt nog zo'n mooi werkstuk hebben gemaakt, maar als de bloemkool die je erin hebt verwerkt er tijdens het rijden vanaf valt, maakt het allemaal niet meer uit.' Zelf heeft ze de afgelopen vijf jaar aan veel projecten meegewerkt: 'In 2010 mochten we de boot versieren waarmee het Nederlands voetbalelftal door de grachten van Amsterdam zou varen. En ik doe ook heel veel bruiloft- en rouwbloemstukken. De kroon op mijn werk was het maken van bloemwerk voor de uitvaart van wijlen Koningin Juliana.'

Linda: 'Het leuke van mijn job vind ik dat ik met een levend product werk dat beperkt houdbaar is. Dat houdt me scherp. Daarnaast geeft het me voldoening als ik mensen zie groeien aan wie ik lesgeef. Zo zit er nu bijvoorbeeld een meisje in mijn klas dat een maand geleden nog weinig motivatie had, maar nu veel actiever is en zelf dingen bedenkt.' Een van de meisjes die die middag les krijgt, formuleert het mooi als ik haar vraag wat ze van Linda vindt: 'Linda houdt van bloemen en bloemen houden van Linda!'

De vraag is: heb jij ook zoveel toewijding in je werk als Linda? Haar werk geeft haar eigenlijk op twee verschillende niveaus voldoening:

1 Persoonlijke voldoening

Linda geeft aan dat ze zich elke keer weer wil onderscheiden. In haar geval betekent dit dat ze zich steeds blijft ontwikkelen. Tijdens haar studie door in haar vrije tijd veel ervaring op te doen in vrijwilligersprojecten. En in haar werk zorgt ze ervoor dat ze leuke projecten kan doen met haar leerlingen, en regelmatig meedoet met (internationale) wedstrijden. Dit levert haar persoonlijke voldoening op, het gevoel dat ze betekenis kan geven aan haar werk.

2 Maatschappelijke voldoening

Linda heeft er heel bewust voor gekozen om voor zichzelf te beginnen, maar ook les te blijven geven. Ze wordt door het hele land gevraagd om bloemschikcursussen te geven. Door anderen te helpen en te begeleiden, ziet ze mensen groeien en dat geeft veel voldoening. Met haar werk levert ze een bijdrage aan het promoten van haar vak.

Persoonlijke voldoening heeft hier te maken met de voldoening die het werk geeft. Door je te ontwikkelen en te presteren in je werk, krijg je persoonlijke voldoening. Maatschappelijke voldoening houdt in dat je met jouw werk een bijdrage levert voor anderen: door anderen te helpen of blij te maken.

Bijvoorbeeld vuilnisman Jan Westerbeeke: hij is trots op zijn werk, want het geeft hem voldoening om de stad Amsterdam schoon te maken. En architect Lovisa Rottier: zij haalt voldoening uit haar werk doordat ze bijdraagt aan het verbeteren van de leefomgeving van mensen. Ook misdaadverslaggever Peter R. De Vries krijgt er een kick van als hij de deur op een kier zet bij zaken die in de vergetelheid zijn geraakt.

Kortom, mensen met een droombaan halen duidelijk persoonlijke en/of maatschappelijke voldoening uit hun baan.

Hoofdstuk 5

Poen

Jos leeft van de wind

Klap, klap, klap: met een duizelingwekkende snelheid zoeven de wieken door de wind. Op nog geen zes meter afstand sta ik samen met molenaar Jos Kors (54 jaar) op de stelling van zijn korenmolen. De wind staat op het punt om te slaan, en dus moeten de wieken op de wind worden gedraaid ('gekruierd'). Met een paar ferme draaien aan het kruiwiel staat de staart weer uit de wind, en de wieken weer voor de wind. Ik maal een dagje mee op Molen De Zandhaas in Santpoort.

Jos groeide op in Santpoort en op achtjarige leeftijd kreeg hij een boek over molens te zien. Een prille liefde was geboren. Het zou echter nog een tijd duren voordat hij ook daadwerkelijk molenaar zou worden. Hij deed de grafische school en werd drukker. Maar de molen in Santpoort was niet meer in gebruik, en hij vatte het idee op om ooit als vrijwillig molenaar deze molen draaiende te houden. Op zijn vijfentwintigste volgde hij een molenaarscursus en liep hij stage op een molen in Alkmaar. Vervolgens bleef hij daar assisteren. Een paar jaar later kwam er een vacature vrij. Jos greep zijn kans en verliet het drukkersvak, om van zijn hobby zijn beroep te maken.

In de tussentijd liet de molen in Santpoort hem niet los. Hij zette een stichting op om subsidie te kunnen aanvragen voor de restauratie van de molen. Negen jaar later had hij alle procedures doorlopen en kon hij de molen betrekken. Het duurde vervolgens nog een paar jaar voordat de molen helemaal 'up and running' was. Al met al kostte het heel wat jaren, maar het resultaat is dan ook werkelijk fantastisch.

Vol trots laat de bescheiden Jos me de 34 meter hoge molen zien. 'De wind is vandaag nogal onstuimig, waardoor het malen op de wind niet erg geschikt is voor de tarwesoort die we vandaag malen.' Gelukkig maakte de molen al gebruik van een elektromotor die twee andere koppels aandrijft, zodat er wel geproduceerd kan worden. 'Naast de wind ben je als molenaar ook afhankelijk van personeel. Wij hebben hier nu drie parttimers in loondienst en hebben ook hulp van een aantal vrijwilligers. Anders kun je dit nooit rendabel maken.' Jos verkoopt circa 70% van zijn producten aan particulieren en de overige 30% aan zakelijke klanten, zoals bakkerijen en restaurants. Producten als pannenkoekenmeel, spelt, turkse zadenbroodmix en kruidenbroodmix zijn slechts enkele voorbeelden van het grote assortiment dat in de winkel beneden wordt verkocht. 'Naast het meehelpen in het productieproces doe ik ook de administratie, het afstellen van de molenstenen en let ik natuurlijk continu op het weer... haha.'

Vandaag moet er duizend kilo tarwefijnmeel worden aangeleverd bij een klant uit Friesland. De twee grote molenstenen malen de tarwe fijn, waarna de zemelen van het gries en de bloem gescheiden worden. Dit laatste wordt opgevangen in grote zakken van vijfentwintig kilo. Middels touwen en glijbanen worden zakken aan- en afgevoerd.

Jos: 'Ik vind het prachtig om met zo'n historisch werktuig te mogen werken en dat weer nieuw leven in te blazen. De kracht van de molen is dat je 100% zuiver volkorenmeel krijgt. Dat krijg je niet uit een fabriek, omdat ze daar de kiemen niet malen vanwege de beperkte houdbaarheid die dat met zich meebrengt. Rijk zal ik er nooit van worden, maar het is toch heerlijk dat ik kan leven van de wind!'

Natuurlijk leeft Jos niet letterlijk van de wind, maar dit geeft wel de dunne scheidslijn aan tussen wat wel of niet een droombaan is. Wat begon als grote hobby van Jos werd uiteindelijk zijn droombaan, waar hij zijn inkomen mee kon verdienen. In eerste instantie in loondienst en tegenwoordig als zelfstandig ondernemer. Het koren dat hij maalt, zet hij nu af bij bakkers in de omgeving. Door zich actief in te zetten, subsidies te werven en gebruik te maken van vrijwilligers heeft hij zijn droombaan kunnen verwerkelijken. Je droombaan hoeft natuurlijk niet voort te komen uit een hobby. In dit boek zijn daar voldoende voorbeelden van. Het gaat erom dat je een inkomen verdient waarvan je kunt leven.

Misschien is de zekerheid van een goed inkomen in een huidige baan wel een sta-in-de-weg om je droombaan te verwezenlijken. Want misschien gaat je inkomen er wel op achteruit. Sommigen kunnen zich dit permitteren omdat ze een partner hebben die de teruggang in inkomen compenseert. Zoals bijvoorbeeld imker Henk Hortensius: hij bouwt langzaam een imperium op van bijenvolken in Nederland en begint daar nu steeds meer de financiële vruchten van te plukken. De eerste jaren kon hij hier echter niet van rondkomen.

Anderen nemen genoegen met een lager inkomen, maar kunnen daar nog prima van leven.

Maar het is ook zeer aannemelijk dat je helemaal niet achteruit gaat in inkomen. Zo zijn er legio voorbeelden van mensen die voor zichzelf begonnen en nu meer verdienen dan daarvoor.

Dus als je jouw passies inzet in werk dat bij je past en waar je plezier aan beleeft kun je daar niet alleen voldoening uithalen, maar ook een inkomen!

Al met al...

Een droombaan voldoet aan de vijf p's:

1) Mensen met een droombaan hebben **passie** voor wat ze doen: ze doen werk dat ze leuk vinden.

2) Mensen met een droombaan doen **passend werk**: werk dat aansluit bij hun talenten en hun persoonlijkheid.

3) Mensen met een droombaan hebben **plezier** in hun werk. Je merkt het vanzelf als mensen plezier in hun werk hebben. Ze stralen dit uit.

4) Mensen met een droombaan halen **persoonlijke en/of maatschappelijke voldoening** uit hun werk. Persoonlijke voldoening volgt uit het werk zelf en maatschappelijke voldoening door anderen te helpen of blij te maken.

5) Met een droombaan verdien je uiteraard wel **poen** (en het liefst genoeg om goed van te leven), want anders zou het niet meer dan een hobby zijn.

Met het doen van je droombaan heb je eigenlijk je hoofd in de wolken en je voeten op de grond. Want met alleen maar dromen van een baan die het beste bij je past en die je het allerleukst zou vinden gebeurt er niets. Je moet ook met beide benen op de grond gaan staan, en in actie komen. Vandaar ook de naam van mijn project: doe je droombaan!

Droombaantips

Sappenontwerper Susanna van Dijk: 'Ga je droom onderzoeken. Ik heb dat zelf gedaan door een lange break te nemen. Ga je droom vervolgens ondervinden. Dat kan met kleine stapjes. Stap ergens naar binnen en probeer het uit, om te kijken of je het wat vindt.'

Groepsleider Umran Cakmak: 'Kijk om je heen om te zien wat bij je past en blijf niet in je werk hangen, omdat je bijvoorbeeld een hypotheek hebt die je moet afbetalen.'

Chief Experience Officer Matt van der Poel: 'Het is zonde om jezelf thuis te laten als je naar je werk gaat. Wees dus gewoon lekker jezelf op je werk, dan voelt het veel sneller als een hobby.'

Dierenverzorger Jackie Hommes: 'Je moet zelf achter je droombaan aan gaan. Er is niemand die het je op een presenteerblaadje komt brengen.'

Hoteleigenaar Paul van Leeuwen: 'Als je weet wat je wilt moet je er blindelings voor gaan en zonder twijfel. Als het mislukt heb je het in ieder geval geprobeerd. Ga dus altijd voor je droom, want daar kun je nooit spijt van krijgen.'

Bloembinder Linda Eising: 'Denk in kansen en blijf altijd enthousiast. Gebruik je netwerk om je verder te helpen voor het verwezenlijken van je droom.'

Kaasaffineur Betty Koster: 'Leer jezelf kennen en kom erachter wat je kunt. Ken daarbij ook je eigen krachten.'

Goochelaar Robin Buitenweg: 'Luister niet naar anderen om je eigen plannen door te voeren. Mensen hebben altijd een mening en praten je aan dat het niet kan. Niets is echter onmogelijk. Probeer het uit. Lukt het niet, dan kun je jezelf niets verwijten. Je kunt je droombaan ook krijgen door het langzaam en stapje voor stapje op te bouwen, bijvoorbeeld door parttime te gaan werken.'

Conceptmanager horeca Frans Goenee: 'Blijf jezelf. Leer van een ander, maar doe niet als een ander. Stel doelen voor jezelf zodat je weet waar je naartoe werkt. Dan blijft het ook je droombaan.'

Intermezzo I

Ik sta midden in de zaak van schoenmaker Evert ten Ham en help mee met bimsen en schrooien. Termen waar ik tot nu toe nog nooit van had gehoord. In de korte pauze die we hebben zie ik op mijn telefoon vier gemiste oproepen staan en een tekstbericht. Het is een redacteur van de tv-omroep *Tijd voor MAX*, met de vraag of ik diezelfde dag nog live in de uitzending kan komen om te vertellen over het doejedroombaan-project. Of ik even terug wil bellen. De redacteur die ik aan de telefoon heb, heeft wat vragen over het project en vraagt of ik me een paar uur later in Hilversum kan melden. Natuurlijk! Om mensen te inspireren met dit project is het nuttig om zichtbaar te zijn in de media. Dus als ik de kans krijg om over mijn plannen te vertellen doe ik dat uiteraard graag. Zo heb ik al eerder gesprekken gehad met de *Sp!ts*. Mijn project past perfect bij de *remake* van hun carrièrepagina. *Sp!ts* volgt mijn avonturen op de voet in de vaste rubriek 'De Week van Joost', waarin de droombanen van de voorgaande week worden vermeld.

De droombaan als schoenmaker is de eerste droombaan van een lange reeks. Naar deze dag heb ik maandenlang uitgekeken. In de afgelopen tijd heb ik al ruim dertig mensen gesproken en hun gevraagd of ik een dag mee kan lopen. Daarbij is elke keer mijn eerste vraag of zij hun droombaan doen.

Aan de hand van een wensenlijstje van banen heb ik eerst in mijn eigen netwerk gezocht naar mensen om mee te lopen. Vervolgens ben ik via internet op zoek gegaan naar de beste, leukste en meest gepassioneerde mensen. Gelukkig reageren de meeste mensen die ik spreek enthousiast. En zo heb ik bij de start van het project de eerste zes weken al vol gepland. Van meelopen met een bierbrouwer tot een gitaarbouwer, van een veilingmeester tot een docent Nederlands: ik mag het allemaal meemaken.

Een paar weken eerder heb ik een testdag gehad, bij mijn slager om de hoek. Ik heb bekeken wat relevante vragen zijn om aan iemand te stellen, hoe een dag verloopt, hoeveel tijd het kost om een verslag te maken voor mijn website, hoe lang het monteren van een filmpje duurt. Al met al een hele nuttige dag, met een behoorlijke *overload* aan informatie. Ik maak mijn borst vast nat!

De droombanen staan gepland op de meest uiteenlopende plaatsen. Zo zit de schoenmaker in Amersfoort, maar de rest van het jaar zal ik vele dorpen en steden aandoen in bijna alle provincies die Nederland rijk is. Het is erg leuk om de verscheidenheid in Nederland op deze manier te zien. Ik zal vaak reizen met trein en bus, en soms met een geleende auto van vrienden.

Verder heb ik een groep studenten van de Hogeschool InHolland gevraagd om mij te helpen. Als onderdeel van hun opleiding International Music Management ondersteunen ze mij de eerste drie maanden met de monitoring van het project op het gebied van sociale media. Om alle mensen op de hoogte te houden heb ik een Twitter- en facebook-account aangemaakt. Al snel sluiten de eerste volgers en fans zich aan en gedurende het jaar loopt dat aantal gestaag op tot honderden mensen.

Ik neem afscheid van schoenmaker Evert, nadat ik nog een foto van hem heb genomen met het doejedroombaan-shirt en een paars geschilderde lamp. Deze lamp is het symbool voor inspiratie en komt terug in het logo. Een ritueel dat zich nog 174 keer zal herhalen. De kop is eraf! En dan ga ik snel door naar Hilversum. Daar word ik opgevangen door de redacteur en meegenomen naar de studio. Er wordt me uitgelegd wat er gaat gebeuren en verteld hoe ik moet opkomen. Ik stuur nog snel een sms naar mijn vrouw Marleen en mijn ouders, en dan ga ik de visagie in. Presentatoren Martine en Sybrand vermaken ondertussen het publiek. Dan wordt er afgeteld tot de liveshow. Na wat algemene nieuwsfeiten word ik aangekondigd. Ik krijg vragen over de motivatie van mijn project, welke droombanen ik ga doen en hoe ik mijn geld verdien. Allemaal vragen die me dit jaar nog heel vaak zullen worden gesteld. Na de uitzending ga ik meteen naar huis, waar ik 's avonds nog een verslag maak van de dag en dat op mijn website zet. Een handeling die al heel snel routine zal worden, en dat moet eigenlijk ook wel. Na lange dagen vol nieuwe informatie wil ik 's avonds de knop kunnen omzetten om de volgende ochtend weer fris bij een nieuwe droombaan aan te kunnen treden. En o ja, ik heb natuurlijk ook nog een gezin waar ik zoveel mogelijk aandacht aan wil besteden.

Deel 2

Een droombaan voor iedereen!

Hoe belangrijk vind jij je werk? Is je werk een noodzakelijk kwaad of leef je om te werken? Ik denk dat dit twee uitersten zijn, maar dat ertussenin nog meer varianten mogelijk zijn. Onze kijk op werk bepaalt voor een belangrijk deel wie we zijn. Op de vraag 'Wie ben je?' antwoorden de meeste mensen eerst hun naam en daarna wat voor werk ze doen. 'Ik ben Piet en in het dagelijks leven ben ik loodgieter.' Dat geeft wel aan hoe belangrijk werk voor ons is.

Als werk over het algemeen zo belangrijk is voor ons, dan zou je denken dat we werk doen waar we blij van worden. Waarbij we goedgemutst opstaan in de morgen en fluitend naar ons werk gaan, om in dezelfde stemming weer thuis te komen. Maar niets is minder waar. Een droombaan lijkt voor de meeste mensen ver weg. Zo blijkt uit onderzoek van tns nipo uit 2008 dat slechts 18% van de werkende mensen hun baan een droombaan vindt. Voor 23% is dat absoluut niet zo.

Hoe kan dat eigenlijk? Betekent dit dat een droombaan niet voor iedereen is weggelegd? Maakt het uit wat voor soort baan je hebt of wat voor opleidingsniveau, of misschien wel of je in loondienst werkt of als ondernemer? Het tweede deel van dit boek geeft antwoord op deze vragen.

Hoofdstuk 6

Opleidingsniveau is niet belangrijk

De paden op, de lanen in

Voorzichtig struinen we langs stekelige struiken, terwijl we uitkijken voor takjes op de grond die te veel geluid maken. Vijf minuten eerder hebben we een groepje damherten gespot en nu proberen we dichterbij te komen. Met de camera in de aanslag lukt dat redelijk, zodat we de prachtige geweien vast kunnen leggen. Daarna rest ons niet anders dan de bomenpartij te verlaten. Als we het open veld ingaan ('uittreden') schrikken de herten op, en kiezen ze in een mum van tijd het hazenpad.

Ik ben op pad met André Wels, boswachter van beroep. De 57-jarige Wels werkt sinds 1982 bij Staatsbosbeheer in het Horsterwold: een schitterend natuurgebied van zo'n zevenduizend voetbalvelden groot. Het is een van de rijkste vogelgebieden in Nederland en het grootste loofhoutbos van West-Europa. We hebben zojuist de 'big five' van het Horsterveld waargenomen. Naast het damhert zijn de overige zelfbenoemde vier: de vos, de ree, de zeearend en de boommarter. Het is acht uur 's ochtends en het gezang van talloze vogeltjes te midden van de absolute stilte maakt dit tot een zeer ontspannen plek. Er is verder geen mens te zien. André vertelt: 'De meeste mensen hebben een heel romantisch beeld van een boswachter, alsof hij de hele dag buiten is en over planten en dieren vertelt. De voorlichting (voornamelijk aan kinderen) is zeker een belangrijk onderdeel van mijn werk, maar er komt meer bij kijken. Zo ben ik ook verantwoordelijk voor de recreatie en houd ik toezicht of mensen zich niet ongepast gedragen. Met het struinen door het gebied doe ik veel aan kennisontwikkeling.' Met veel toewijding vertelt hij over de voedselketen, de trek van vogels en de bijzonderheden daarvan. Heb je bijvoorbeeld ooit geweten dat de gierzwaluw slaapt tijdens zijn vlucht in de lucht?

Met een twinkeling in zijn ogen vertelt hij hoe geweldig hij zijn werk vindt. 'Ik heb zoveel vrijheid en ruimte om deze baan in te vullen. Elke keer als ik hier ben, geniet ik. Daarnaast vind ik het heerlijk om voorlichting te geven aan kinderen. Ik wil ze de natuur echt laten beleven. Slootje springen, hutten bouwen, paddestoelen plukken. Een beetje kwajongensgedrag hoort er toch bij. Juist door die vroege unieke ervaringen in de natuur leren ze later de natuur veel meer te respecteren.'

Tijdens ons surveillancerondje maken we vandaag weinig schokkende dingen mee. Toch komt het ook regelmatig voor dat hij scheldende mensen te woord moet staan en krijg hij te maken met bedreigingen. 'Je bent ook een soort van politie en mensen denken vaak dat ze zich alles kunnen permitteren.' Als absoluut dieptepunt in zijn carrière noemt hij de vondst van een ontzield lichaam van een kind van acht jaar.

Zijn loopbaan voerde hem overigens volgens eigen zeggen van twaalf ambachten, dertien ongelukken tot boswachter. Hij heeft van alles gedaan (van koperslager tot timmerman, van werken in de horeca tot in de scheepsbouw), maar nergens kon hij goed aarden. 'Om geluk in het leven te vinden is het belangrijk van de kleine dingen in het leven te genieten en te doen wat je na aan het hart ligt. Ik vind het heel fijn om iets na te laten waar anderen wat mee kunnen.'

André is helemaal in zijn element, en dat is mooi om te zien. Als je een keer in de buurt bent van Zeewolde, zoek dan zeker het Horsterwold op. Wie weet zie je dan van achter een bomenpartij André zijn uittrede doen!

Zoals je hebt kunnen lezen heeft André zijn bestemming pas op latere leeftijd gevonden. Al op zijn dertiende verliet hij school om te gaan werken. Met zeven kinderen hadden ze het thuis niet breed en was er niet genoeg geld om onderwijs te betalen. André begon zijn carrière als koperslager en veranderde telkens van baan zonder echt ergens in opgeleid te zijn. Hij was een aanpakker en kon zich daardoor goed staande houden. Toch kreeg hij later het besef dat het noodzakelijk was om zich om te scholen, indien hij meer wilde bereiken. Hij deed een cursus 'taal en rekenen' op zijn vierentwintigste. Toen hij achtentwintig was nam hij dienst bij de Rijksdienst van de IJsselmeerpolders. Hier viel voor hem het kwartje: hij wist dat dit het werk was wat hij graag wilde doen. Toen deed hij diverse cursussen, gericht op bos- en natuurbeheer en op het gebied van recreatie. Sommige van die cursussen waren overdag, maar gedurende elf (!) jaar was hij daar vooral in de avonden mee bezig. Met deze kennis op zak heeft hij nu alle vrijheid die hij zich maar kan wensen, om zijn beroep als boswachter uit te kunnen oefenen.

Dit jaar heb ik meer mensen ontmoet zoals André, die al op vroege leeftijd school verlieten. Zij vonden hun droombaan door veel praktijkervaring op te doen (waar veel doorzettingsvermogen voor nodig is) of zich op latere leeftijd bij te scholen. Joost Bartels is daar ook een voorbeeld van. Hij werd van school gestuurd, deed een verkorte cursus tot applicatiebeheerder en door veel praktijkervaring op te doen is hij nu systeembeheerder. Er zijn ook mensen die voortgezet onderwijs hebben gedaan, om aansluitend een vervolgopleiding te kiezen die bij hen paste. Zo heeft archeoloog Tom Hos al op jonge leeftijd belangstelling voor de manier waarop mensen hun leven inrichten. Na het vwo ging hij geschiedenis studeren, met een speciale interesse voor archeologie. Al snel koos hij voor deze studierichting.

Om nog een voorbeeld te noemen: Lucella Carasso, nieuwspresentator bij Radio 1, wist op haar twaalfde dat ze (sport)journalist wilde worden. Rond die leeftijd maakte ze ook een eigen krant en was ze altijd geïnteresseerd in het nieuws. Na het vwo koos ze voor een studie bedrijfskunde, omdat dat breder was dan journalistiek en haar interesse beter voedde. Haar stage bij de NOS was uiteraard niet toevallig. Daar deed ze de broodnodige ervaring op en kon ze na haar studie blijven.

Van de 175 mensen met wie ik meeliep, hebben:

27 een wo-opleiding,

59 een hbo-opleiding,

61 een mbo-opleiding,

28 een lagere opleiding gedaan.

Helaas kiest tegenwoordig niet iedereen een opleidingsniveau dat bij hem past. Wat ik veel heb gehoord van ambachtsmensen met wie ik meeliep, maar ook van brancheorganisaties die het mbo vertegenwoordigen en van docenten, is dat het steeds moeilijker wordt om jongeren te interesseren voor beroepen waarvoor je met je handen moet kunnen werken. 'Het liefst willen jongeren een kantoorbaan met een lease-auto, een hoog salaris en de mogelijkheid om allerlei cursussen te doen.'

Doorleren is tegenwoordig het credo, en dan het liefst via een zo hoog mogelijke opleiding. Dit doel is vaak opgelegd door de sociale omgeving. Daarbij wordt dan over het hoofd gezien dat niet alle jongeren hiervoor in de wieg gelegd zijn. Het belangrijkste is dat jongeren doen wat bij ze past. Uiteindelijk maakt het namelijk helemaal niet uit wat voor opleidingsniveau je hebt om je droombaan te vinden.

Dat geeft ook rietdekker Gerben Langemeen aan: 'Ik ben niet zo goed in leren en houd ervan om met m'n handen te werken. Vanaf mijn veertiende werkte ik tijdens vakanties bij een rietdekkerbedrijf. Dat werk vond ik heerlijk om te doen. Ik heb me ingeschreven bij de Rietdekkers Opleiding Nederland en heb van dit vak mijn beroep gemaakt.'

Dus of je nu vmbo, hbo of wo hebt gedaan of misschien alleen voortgezet onderwijs: als je iets doet wat bij je capaciteiten past en waar je *drive* ligt, heb je daar veel meer baat bij dan welk opleidingsniveau dan ook en is de kans groter dat je jouw droombaan zult vinden. Veilingmeester Mark Grol verwoordt dat heel mooi in de volgende case.

Wie biedt er meer ? Verkocht!

'11.000 on the telephone, 12.000 on the room, niemand meer dan 12.000? Last change... 13.000 online... new bid in the room 14.000. Niemand meer? Last change... fair warning... 14.000 it is!'

De veiling waar ik ben wordt georganiseerd door veilinghuis Sotheby's. Sinds 2005 is Mark Grol hier managing director en veilingmeester. De liefde voor dit vak gaat ontwikkelde hij al in zijn jeugd. Door zijn ouders werd hij meegenomen naar musea en zijn moeder was recensent van kunst en cultuur.

Toch wist hij als kind nog niet wat hij wilde worden. Hij koos dan ook voor een studie economie - iets wat veel van zijn leeftijdgenoten deden. Deze richting bleek echter niet voor hem weggelegd. Op een avond overdacht hij wat hij met zijn leven wilde en nam hij een doorslaggevend besluit. 'Ik dacht bij mezelf: wat vind ik nu leuk en wat wil ik? Waar kan ik goed in worden? Dat werd de commerciële kunst. Liever een grote vis in een kleine vijver dan een kleine vis in een grote vijver.' Hij schreef zich de volgende dag in voor de opleiding kunstgeschiedenis.

In totaal worden vanavond 194 stukken uit de Peter Stuyvesant-collectie geveild. In sneltreinvaart schieten de getallen langs mijn oren en worden de lotnummers verkocht. Zowel schriftelijk, online, telefonisch als vanuit de zaal wordt er driftig geboden. Het duurste stuk wat onder de hamer verdwijnt is van Patrick Heron en levert € 145.000 op!

Na zijn studie klopt Mark aan bij Sotheby's, waar hij kan beginnen als werkstudent. 'De mogelijkheid om iets in de kunstwereld te doen is heel klein en daarom wilde ik de kansen die ik kreeg met beide handen aangrijpen.' Binnen Sotheby's vervulde hij verschillende functies: van medeorganisator van veilingen in Duitsland tot verkoopspecialist van prenten à la Andy Warhol in Engeland. Ook verbleef hij vier jaar in Hong Kong, waar hij directeur was van een kunstgalerie. In het jaar 2000 keerde hij weer terug naar Nederland, waar hij nog op de afdelingen Negentiende-eeuwse schilderkunst en Decoratieve kunst rondliep voordat hij managing director van Sotheby's werd.

Mark: 'Als veilingmeester is het belangrijk dat je goed bent met cijfers en voor een zaal durft te staan. Je moet toch een beetje kunnen acteren. Het mooiste aan mijn vak vind ik het als er electriciteit in de zaal ontstaat, een soort ondefinieer-bare spanning.'

Met zijn charme weet Mark regelmatig mensen te bewegen een hoger bod te doen. ('Nog één keer proberen?') Op verschillende tempo's en afgewisseld in het Engels, Nederlands en af en toe een verdwaalde zin Duits, presenteert hij de veilingstukken achter elkaar. Het vergt het uiterste van hem, want als ik hem na twee uur spreek en hij van plaats is gewisseld met zijn collega Albertine, staat hij vol adrenaline en met een bezweet gelaat voor me. 'Dit is heel hard werken, maar hier doe je het voor. Als team hebben we hier maanden naartoe geleefd. Vanavond moet de knaller worden.'

Voor Mark is dit duidelijk zijn passie. Door de hoge biedingen loopt de veiling behoorlijk uit en als ik vertrek is er al ruim een half miljoen euro meer opge-haald dan verwacht. Ik denk dan ook dat er stiekem nog wel even doorgefeest wordt tot in de kleine uurtjes...

Hoofdstuk 7

Leeftijd doet er niet toe

Hoe oud ben je? Heb je wel eens het gevoel dat je te oud bent om nog een nieuw avontuur aan te gaan? Of dat je eerst nog heel veel wilt leren voordat je echt je droombaan kunt gaan doen? De mensen met wie ik meeliep varieerden in leeftijd van 18 tot 67 jaar. Hoe zit dat dan bij hen? Doet leeftijd ertoe om je droombaan te vinden? In dit hoofdstuk ontrafel ik twee mythes die hierover gaan:

1) Ik ben te oud om nog mijn droombaan te doen
2) Mijn tijd komt nog wel

Mythe 1 Ik ben te oud om nog mijn droombaan te doen

Heb je andere mensen wel eens het excuus horen gebruiken dat ze te oud zijn om verandering in hun situatie te brengen? Die mensen zeggen dingen als:
Ik ben te oud om...
Op mijn leeftijd doe je... niet meer.

Dit kan over van alles gaan, maar ook over werk. En zeg nou zelf, waarom zouden ze ook veranderen? Uitspraken als: 'Nog tien jaar en dan ga ik met pensioen', 'Ik heb alles inmiddels wel gezien', heb ik letterlijk gehoord van de collega's van mensen met wie ik dit jaar

meeliep. Maar ik wil laten zien dat het ook anders kan. Lees in het
kader het verhaal van Cor Hospes, guerillamarketeer.

Viva Cor

'Marketing is dood, viva guerillamarketing!' Terwijl hij zijn publiek toeroept
en druk gebaart, gooit hij vol energie het ene na het andere statement eruit.
Geïnspireerd door Che Guevara hitst hij zijn publiek op. Cor heeft zelfs zijn
zelfportret op sommige beelden in zijn presentatie aangepast aan deze Argentijnse revolutionair.

Met zijn kortgeschoren baard en zwarte designbril zou de 48-jarige Hospes zo
door kunnen gaan voor de moderne variant van 'el Comandante'. Sinds drie jaar
heeft hij zich toegelegd op een niche binnen de marketing, waarbinnen hij zich
bezighoudt met onconventionele acties. Zelf zegt hij: 'Guerilamarketing wordt
vaak gezien als het inzetten van stunts. Het gaat echter een stap verder en door
er strategisch naar te kijken ontstijgt het dit niveau. Het gaat om acties met impact die worden ingezet op een onvoorspelbaar moment, op een originele en
relevante manier en bij de juiste doelgroep. Ik noem dat zelf "stunts plus".'

Het publiek dat vandaag aan zijn lippen hangt, is een groep marketeers die af-
komstig zijn van reisbureaus, outletstores en een zeilmakerij. Aan het begin van
de workshop krijgen ze de opdracht om hun 'ste' op een papiertje te zetten: Waar
is hun bedrijf het beste in? Vervolgens mogen ze dit opvouwen tot een vliegtuigje
en naar voren katapulteren. 'Eerst moet je namelijk weten wie je bent en waar je
goed in bent, voordat je aan guerillamarketing kunt beginnen,' aldus Cor.

Voor Cor valt tegenwoordig alles op zijn plek. 'Als klein jochie op school was ik
altijd al rebels en gooide ik mijn kont tegen de krib.' Hij deed dan ook meerdere
jaren over de havo en het vwo. Na de lerarenopleiding en een studie Nederlands
zette hij zijn eerste stappen in de journalistiek. Ruim twintig jaar legde hij zich
toe op lifestyle, reizen en food-journalistiek met af en toe een uitstapje naar de
reclamewereld. Op het laatst zag hij geen brood meer in de journalistiek en wilde hij zich specialiseren in een nieuw vakgebied. Met de uitgave van zijn boek
over guerillamarketing sloeg hij een nieuw pad in.

Zelf zegt hij daarover: 'Je moet altijd openstaan voor nieuwe mogelijkheden.'

Leeftijd speelt daarbij geen rol. Je moet zelf je richting bepalen, of je nu twintig of vijftig bent. Zelf heb ik ook die keuze gemaakt. Als journalist had ik makkelijk nog jaren door kunnen gaan, maar ik ben blij dat ik kritisch in de spiegel keek en besloot om guerillamarketeer te worden.' Tijdens de ochtendsessie volgen plaatjes en filmpjes elkaar op, met inspirerende voorbeelden. Als ware het een snelkookpan behandelt hij diverse trends en tien guerillastrategieën achter elkaar. Van opvallen en opkloppen tot opfokken en ontvlammen. Ook worden termen als 'paarse koeien', 'news jacking' en 'buzz' belicht. Cor houdt er de vaart behoorlijk in. 's Middags mogen de marketeers zelf aan de slag met de opgedane kennis.

Naast workshops geeft Cor veel advies aan bedrijven vanuit zijn onderneming Tsjee.com, blogt hij en schrijft hij boeken over dit onderwerp. 'Sinds ik me gericht heb op deze niche voel ik me als een vis in het water. Alles komt nu bij elkaar.' Zijn volgende ambitie is om internationaal door te breken. En zoals het een ware guerillastrijder betaamt lijkt het me mooi om deze dag af te sluiten met zijn levensmotto: 'Voorwaarts mars!'

Cor heeft duidelijk een nieuwe weg ingeslagen door zichzelf een spiegel voor te houden. In feite is hij is weer een klein stoer jochie geworden, met glinsterende oogjes. Maar niet alleen Cor heeft zo'n transitie doorgemaakt.

De 50-jarige bierbrouwer Fer Kok werkte jarenlang in de psychiatrie. In zijn vrije tijd brouwde hij op een zolderkamer bier met een maat van hem. Hij kwam na verloop van tijd steeds verder van de werkvloer te staan als afdelingshoofd, en dat knaagde aan hem. Toen hij voor de instelling de mogelijkheid moest onderzoeken om een sociaal bedrijf op te richten voor de psychiatrische cliënten, was het resultaat een bierbrouwerij. Van het een kwam het ander en nu brouwt hij al tien jaar bier en is hij ook verantwoordelijk voor de mensen die in de brouwerij werken.

En Henk Plenter (67 jaar), inspecteur van de GGD, creëerde binnen de GGD zijn eigen baan. Hij was er begonnen in de ongediertebestrijding, maar houdt nu toezicht op woningen waar meldingen van stank en (geluids)overlast worden gedaan. Ik moet eigenlijk zeggen 'hield', want vorig jaar viel voor hem het doek. Hij moest nu toch echt met pensioen, nadat hij al twee keer eerder met succes het uittreden uit het arbeidsproces had weten te vertragen. 'Dit werk doe ik nou eenmaal het liefst en ik moet er niet aan denken om achter de geraniums te gaan zitten.'

Mythe 2 Mijn tijd komt nog wel

Hordes scholieren verlaten elk jaar weer de schoolbanken om te beginnen met hun loopbaan. Natuurlijk staan ze dan nog aan het begin van een nieuwe fase en zullen ze moeten ervaren hoe het is om in een bepaald vakgebied te werken, en of dit ook echt bij hen past. Maar is het ook mogelijk om meteen met je droombaan te beginnen?

Aan het begin van het doejedroombaan-project had ik een radio-interview bij BNR-radio. Er was ook een loopbaancoach uitgenodigd. Zij gaf aan dat het niet mogelijk is om een droombaan te doen als je net van school af komt: 'Je zit midden in je ontwikkeling als mens, en ontwikkelt in de loop van je leven een aantal vaardigheden en kwaliteiten. Later in je leven kom je dan iets tegen wat bij je past met alles wat je tot dat moment gedaan en ontwikkeld hebt.' Een droombaan zou dus pas mogelijk zijn op latere leeftijd...

Maar wat nou als je wel weet waar je goed in bent en wat bij je past? Niet voor niets kiezen duizenden scholieren bewust voor een vak vanuit hun interesse en capaciteiten, om in dat vak uit te kunnen blinken. Voor dit droombaanproject ben ik ook met heel veel jonge mensen mee geweest die hun droombaan doen. Zo ook met de achttienjarige rietdekker Gerben Langemeen.

Gerben kan het dak op!

'Normaal praat hij de oren van je kop, hoor.' Gekscherend maakt een collega van hem deze opmerking. De woorden zijn echter niet aan Gerben besteed en vol overgave gaat hij door met zijn werk. 'Kun je mij even de draad aangeven?' Ik sta op een dak van een boerderijschuur naast de rustige maar zeer betrokken riet-dekker Gerben Langemeen.

Als veertien jarig jochie deed hij al klussen bij Rietdekkersbedrijf Van Ginkel in zijn woonplaats Lunteren. Hij vond het meteen een prachtig beroep en wist dan ook wat hij wilde worden: rietdekker! Na het vmbo ging hij naar de Rietdekkers Opleiding Nederland. Bij deze opleiding werk je voornamelijk in de praktijk bij een erkend leerbedrijf, wat wordt afgewisseld met theoretische kennis over het vak op school. Daar werd hij geprezen om zijn vakmanschap, inzet en motivatie.

Gerben: 'Ik ben nu net een halfjaar klaar met mijn opleiding. Ik vind het heerlijk om in de buitenlucht te werken. Kijk, ik was geen ster in leren en aangezien ik goed kan werken met mijn handen past dit beroep helemaal bij me. Het mooie is ook dat je iets heel tastbaars maakt. Ik rij weleens langs huizen of boerderijen waar we hebben gewerkt en ben dan best een beetje trots!'

Vandaag zijn we op een boerderij, maar nog vaker is Gerben op het dak te vinden van een grote villa waar riet moet worden aangelegd. 'Vroeger werd riet echt uit armoede gebruikt, maar tegenwoordig is dat helemaal anders. Juist de wat rijke-re mensen kunnen het zich veroorloven om riet op hun dak te laten leggen.' Dat heeft deels te maken met het arbeidsintensieve werk dat inherent is aan dit be-roep. 'Deze boerderij is redelijk rechttoe rechtaan, en daar zijn we dan ook bin-nen een week mee klaar. Maar als je met dakkapellen te maken hebt of met verti-cale stukken die overgaan in diagonale daken (zogenaamde knikdaken) dan ben je wel wat langer bezig.' Voor deze boerderij, waarvan het dakoppervlak 140 m² groot is, worden 1500 bossen riet gebruikt. Het riet wordt laag voor laag gelegd op een zogenaamde gesloten dakconstructie en met schroeven bevestigd. Na elke laag wordt het riet opgeklopt zodat het strak komt te zitten. Uiteindelijk is de dikte zo'n 30 cm. De afwerking boven op het dak gebeurt met een zogenaamde nokvorst. Met als resultaat een ontzettend goed geïsoleerd dak met een mooie uitstraling.

Gerben vindt het voordeel van in de buitenlucht werken tegelijkertijd ook een nadeel. 'In de winter kan het wel heel koud zijn. Maar goed, daar kan je jezelf altijd nog op kleden. We werken eigenlijk alleen niet bij regen en onweer.'

Naast Gerben zijn er genoeg andere voorbeelden te noemen van jongeren die al op vroege leeftijd hun droombaan doen. Zoals skileraar Marco Cecamore (27 jaar) uit Italië, die op zijn zesde leerde skiën en vanaf zijn twaalfde meedeed in competitieverband. Tijdens zijn studie fysiotherapie haalde hij na een strenge selectieprocedure zijn diploma tot skileraar. Als bijbaantje gaf hij les aan kleine kinderen. Toen hij zijn studie had afgerond besloot hij om een vol seizoen als skileraar aan de slag te gaan. 'Dat beviel ontzettend goed. Ik wilde alleen een langer seizoen draaien om mijn volledige inkomen eruit te halen en daarom verhuisde ik tijdelijk naar Frankrijk.' En daar werkt hij inmiddels alweer vier jaar in Les Deux Alpes.

Theaterschooldirecteur Laura Doorneweerd (27 jaar) volgde een studie bedrijfswetenschappen terwijl ze in haar vrije tijd veel aan theater deed. Via via werd ze gevraagd om een voorstel te schrijven waarbij ze de lessen zou invullen voor een theaterschool. Tijdens het maken van haar plan, waarbij haar studie heel goed van pas bleek te komen, besefte ze dat ze – ongeacht de uitkomst – verder wilde in de theaterwereld. Ze richtte een eigen stichting op: het Gooisch Theaterhuis. Vanuit deze stichting benadert Laura allerlei docenten, die stuk voor stuk stonden te popelen om met haar het avontuur aan te gaan. Een paar maanden later bleek dat ze ook de pitch gewonnen had. Nu kon ze met haar Gooisch Theaterhuis invulling geven aan het plan.

De mensen met wie ik dit jaar meeliep hebben een gemiddelde leeftijd van 42 jaar. Dus jong, oud of van middelbare leeftijd: iedereen kan zijn droombaan doen en leeftijd doet er niet toe!

Hoofdstuk 8

Ondernemer of in loondienst?

Jacco Bakker doet het op eigen houtje

De werkdag van de 36-jarige Jacco Bakker begint steevast om halfacht, met een rondje langs het personeel. Dan vraagt hij hoe het gaat en neemt hij samen de werkorders door. Zijn betrokkenheid uit zich ook in de uren die hij in zijn onderneming stopt. Jacco: 'Ik werk per week zo'n 50 tot 60 uur en dat is van jongs af aan al een manier van leven geworden.'

Dat Jacco meubelmaker is geworden komt niet geheel uit de lucht vallen. Zijn opa had een meubelfabriek en als kind was hij altijd al bezig met het bouwen van hutten en het maken (en verkopen) van houten springschansen. Na de havo volgde hij de vierjarige opleiding aan een hout- en meubileringscollege. Op 21-jarige leeftijd begon Jacco als zelfstandig meubelmaker die meubels op maat maakt. 'Ik woonde nog thuis, waardoor ik de kosten van mijn levensonderhoud kon drukken. Van mijn eerste lening van 30.000 gulden die ik bij de bank afsloot kocht ik een cirkelzaag, stationaire freesmachine en een Vlak- en vandiktebank', aldus Jacco.

Hij begint zijn onderneming in een oude bietenschuur. Veel mond-tot-mondreclame en kwalitatief goede en mooie meubels zorgen ervoor dat hij nu prima rond kan komen en hij langzaam kan uitbreiden. Een aantal van de stagiaires die bij hem werkten komen na hun opleiding bij hem in loondienst. Vandaag de dag heeft hij tien man personeel en onderscheidt Jacco zich voornamelijk door zijn drang om vooruit te lopen op de markt en te blijven innoveren. 'Zo kwam ik zo'n zes jaar geleden met meubels op de markt die waren gemaakt van notenhout. Tot dan toe was dat weinig gebruikt en het was grappig om te zien dat Jan des Bouvrie een jaar later hetzelfde materiaal zou gebruiken en het bij het grote publiek bleek aan te slaan,' zegt Jacco. Zijn creatieve vakmanschap blijkt ook als ik een blik in de showroom werp. Een salontafel in de vorm van een knijper, een meubel waarbij de tv middels een hefsysteem in datzelfde meubel verdwijnt en een tafel waarbij twee tafeldelen over elkaar heen kunnen schuiven - het zijn slechts enkele van zijn creatieve uitspattingen.

Voor Jacco is het vooral de combinatie van ondernemerschap en het vak van meubelmaker wat dit tot zijn droomberoep maakt. Hij zegt: 'Belangrijk is dat ik met veel plezier naar mijn werk ga. Ik word blij van enthousiaste reacties van mensen als ze het eindproduct zien.'

En vandaag mag ik ook ruiken aan het vak van meubelmaker. Ik begin met zes planken (en dan zonder nagels...) die ik zaag, schuur, verlijm en frees tot een schitterend doejedroombaan-bord. Voor het frezen heeft Jacco drie jaar geleden de Rolls Royce onder de freesmachines aangeschaft: een heuse cnn. Vanaf een ontwerp op het computerscherm kunnen de mooiste vormen worden gemaakt en kan Jacco veel meer de breedte in met zijn producten. In deze verbreding wil Jacco de komende jaren dan ook zijn focus leggen. Jacco: 'Voor succes ben je deels afhankelijk van geluk, maar moet je ook kansen zien en weten te pakken.'

Het afgelopen jaar ben ik met heel wat ondernemers op pad geweest. Bij veel van hen zit het ondernemen echt in het bloed. Zo ook bij meubelmaker Jacco. Hij koestert een liefde voor het creëren van meubels – natuurlijk – maar als hij niet het meubelvak was ingegaan was hij waarschijnlijk een onderneming in iets anders begonnen.

Voor ondernemers is volgens dr Martijn Driessen (2009) een aantal eigenschappen karakteristiek:

- Doorzettingsvermogen. Over het algemeen ondervinden ondernemers veel tegenslagen. Daar moet je mee om kunnen gaan. Succesvolle ondernemers kunnen dat. Juist wanneer het moeilijk wordt moet je discipline tonen en doorzetten.

- Risicobereidheid. Ondernemen kan niet zonder het nemen van risico's. Dat zijn door de ondernemer ingecalculeerde risico's.
- Prestatiegerichtheid. Dit gaat over het willen leveren van prestaties. Een ondernemer moet – van binnenuit – gedreven zijn om steeds weer betere prestaties te leveren.
- Zelfstandigheid. Het gaat hier om de behoefte aan zelfstandigheid. Een ondernemer wil zelf de lijnen uitzetten en heeft geen behoefte aan een baas die hem orders geeft.

Je zet de stap naar ondernemerschap dus niet zomaar, want dit gaat altijd gepaard met het nemen van risico's. Maar juist de kick die dat oplevert en het neerzetten van iets maakt het voor vele ondernemers tot hun droombaan.

Zo heeft Rikus Oswald na een carrière als profvoetballer de Majolicawinkel van zijn ouders overgenomen. Majolica is de naam voor een soort keramiek, en Rikus is gespecialiseerd in het maken van handbeschilderde tegels. Hij opereert in een moeilijke markt, want tegenwoordig worden alle 'antieke' tegeltjes in China gefabriceerd en voor een habbekrats verkocht. Rikus wil de authenticiteit handhaven en heeft zelf schilders in dienst die op basis van deze kunst uit het verleden tegels beschilderen. Maar ja, daar betaal je dan ook voor. Rikus doet aan de echtheid echter geen concessies. Hij zegt: 'Dit is het antiek van de toekomst en dat wil ik graag in stand houden.'

Ook Opticien Arie van Vliet is een rasechte ondernemer. Met zijn optiekzaak in Zwolle trekt hij veel enthousiast publiek. Ook hij doet geen concessies aan de kwaliteit. Dat betekent in de praktijk dat klanten soms tot tien keer toe geholpen worden totdat de perfecte bril of lenzen zijn aangemeten. 'Dat kost wel wat meer, maar ik heb dan wel een tevreden klant en op de lange termijn betaalt zich dat zeker terug,' aldus Arie.

Zzp'ers

Binnen de groep ondernemers maakt de afgelopen tien jaar een fors aantal van hen een opmars: de zelfstandig ondernemer. Ook wel zzp'er (zelfstandige zonder personeel) of zp'er (zelfstandig professional) genoemd.

Vlottenbouwer Marcel

Een klas met twintig gillende kinderen maakt hem niet gek. Rustig vraagt hij aan iedereen de linkerschoen. Als ze allemaal op een hoop zijn gegooid maakt hij van de stapel twee kleinere hoopjes. Op die manier heeft hij twee groepen gemaakt en hoeft bij het volgende onderdeel niet weer de titanenstrijd tussen jongens en meisjes los te barsten.

De persoon in kwestie die de kalmheid zelve is, heet Marcel van Lokven (36 jaar). Marcel is buitensportinstructeur en begeleidt zowel jongeren als volwassenen met onder andere kanovaren, abseilen, quad rijden, speleologie en argo rijden (met een amfibievoertuig).

Vandaag krijgt hij vier brugklasgroepen onder zijn hoede, die als onderdeel van een introductieweek onder meer leren vlotbouwen op Landgoed de Biestheuvel. De aantrekkingskracht van het fysieke aspect van zijn beroep had hij waarschijnlijk al als jongere, toen hij beroepsmilitair wilde worden. Tijdens zijn dienstplicht werd hij echter afgekeurd. Hij bedacht dat hij dan wel de evenementenbranche in wilde. Via verschillende uitzendbaantjes was hij hier al eerder mee in aanraking gekomen. Marcel volgde een opleiding tot evenementenorganisator en deed in de tussentijd veel ervaring op bij een buitensportbedrijf. Bij een landelijke jongerenorganisatie waar hij stage liep kon hij parttime blijven werken. Met de opgebouwde ervaring besloot hij vijf jaar geleden voor zichzelf te beginnen.

Marcel: 'Ik vind alle activiteiten leuk om te doen en vooral als mensen lol hebben. Het allerleukste vind ik het contact met de groep.' Om iedereen een leuke dag te bezorgen staat veiligheid op de eerste plaats. 'Een goede instructeur ziet van tevoren danwel tijdens een activiteit eventueel gevaar aankomen en speelt daar adequaat op in.' En zijn eigen track record: 'In de veertien jaar dat ik dit werk doe zijn er gelukkig geen ongelukken gebeurd.'

Aan de groep legt hij uit: 'Om een vlot te bouwen moeten jullie eerst leren knopen. We gaan daarom de mastworp leren om de balken aan elkaar te knopen.' De meeste kinderen kijken hem wat schaapachtig aan, maar na de uitleg komt het op hen aan. Sommige kinderen pakken het fanatiek aan terwijl andere eerst minutenlang zitten toe te kijken hoe het nu moet. Over het algemeen zijn de meisjes veel sneller en hebben zij het eerst hun vlot in elkaar gezet.

Marcel geniet, net als de ouders die aan de kant meekijken. 'Ik ben vijf jaar geleden niet voor niets voor mezelf begonnen. Natuurlijk moet je veel regelen als zelfstandige, maar ik bepaal nu zelf welke events ik wel of niet doe. Vanaf april tot en met oktober is het hoogseizoen en probeer ik zoveel mogelijk te werken, maar daarna kan ik vier maanden andere dingen doen. Bij een baas zou ik dan bijvoorbeeld palen moeten gaan schilderen.'

Voor de toekomst ziet Marcel voor zijn onderneming nog kansen weggelegd om buitensportactiviteiten in te zetten als trainingsmiddel. 'Deze kunnen heel goed gebruikt worden als teamwork en als communicatietraining. Dat is waar ik me nog verder op wil richten, want juist van die interactie met mensen word ik heel blij.' Het zou me dan ook niets verbazen als Marcel naast vlotten ook nog bruggen gaat bouwen...

Uit cijfers van het CBS (2010) blijkt dat er 830.000 zelfstandig ondernemers in Nederland zijn op een totaal van 1.300.000 ondernemers. Marcel is een van hen. Het verschil met de ondernemer zit hem erin dat een zzp'er een vakexpert of specialist is die zich door meerdere opdrachtgevers laat inhuren. Zo doet Marcel dat ook. Hij heeft jarenlang ervaring opgedaan in de evenementenbranche, maar koos er bewust voor om voor zichzelf te beginnen vanwege de vrijheid die dat hem oplevert.

Dezelfde motivatie om zelfstandig ondernemer te worden gold voor stralingsdeskundige Wouter Stam. Als ik hem ontmoet werkt hij onder andere voor het Diaconessenziekenhuis in Leiden. Hier bestaan zijn hoofdtaken uit stralingsbescherming en kwaliteitsborging. Zelf zegt hij over de stap die hij anderhalf jaar geleden heeft gezet naar een zelfstandig bestaan: 'Ik vind de vrijheid heerlijk. Voor mij is het belangrijk dat de klant inzicht krijgt waarom de kwaliteit van de stralingsapparatuur goed is of niet. Als zelfstandige kan ik daar zelf vorm aan geven. Daarbij vind ik het mijn droombaan omdat ik kan doen wat ik leuk vind.'

Loonwerkers

Hoe zit dat dan met mensen die in loondienst werken? Zij werken voor een baas die hun opdraagt wat ze moeten doen.

Weg met de stereotypen

Nog een dag en dan hoort Karin of ze de secretaresse van het jaar is geworden. De afgelopen drie weken heeft ze zich volop in de strijd gemengd om stemmen bij het publiek te verwerven. Toch zal ook nog veel afhangen van de eindpresentatie die ze eind april moet geven. Daarin zal ze onder andere een visie geven op de toekomst van het vak van secretaresse. 'En daarin zal net als de afgelopen dertig jaar ook veel veranderen,' aldus Karin. Ik loop vandaag mee met Karin van Peursen (49 jaar), coördinerend secretaresse in het AMC-ziekenhuis van psychiater Damiaan Denys. In haar kindertijd wilde ze actrice worden, maar de schooldecaan raadde haar toch vooral af om een beroep te kiezen waar een ongewisse toekomst in het verschiet lag. Omdat ze toen al een echte regelneef was wilde ze naar Schoevers, dé opleiding voor secretaresses. De thuissituatie maakte dit echter niet mogelijk en na haar havo-diploma begon ze met werken.

Via een uitzendbureau kon ze in het Zuiderzeeziekenhuis in Rotterdam bij de receptie terecht. Daar begon ze op een gegeven moment toch met een cursus tot medisch secretaresse. Zo rolde ze het vak in en werd ze secretaresse bij de afdeling Cardiologie. Voor de eerste brief die ze foutloos typte werd een feestje georganiseerd. Karin: 'Je moet bedenken dat in de jaren tachtig alles nog op de typemachine gebeurde. Bij het typen van grote manuscripten kon je het hele manuscript opnieuw doen als je baas wat wijzigingen wilde doorvoeren.' Na de introductie van de computer kwam het e-mailen om de hoek kijken, wat het werk van de secretaresse drastisch veranderde. Karin wisselde nog een paar keer van werkgever, om in 2007 bij het AMC terecht te komen.

Als ik haar vraag waar ze heel goed in is, floept meteen het woord 'typen' uit haar mond. 'Juist door die begintijd kan ik heel snel blind typen.' We besluiten de proef op de som te nemen. Met de stopwatch in de hand tel ik na een minuut 416 aanslagen met maar één foutje. Het gemiddelde voor een ervaren typiste bedraagt 250 aanslagen per minuut! Zelf waag ik uiteraard ook een poging, maar met een magere 215 aanslagen en vier fouten valt er nog veel voor mij te leren.

Niet alleen in het typen maar in veel aspecten van haar vak blijkt haar gedrevenheid. 'Ik vind het heel leuk om te organiseren. Vier jaar geleden heb ik samen met vijf collega's een netwerk voor secretaresses van het AMC opgezet. Elk jaar organiseren we twee evenementen voor de leden. Maar ook aan het regelen van de logistiek rondom congressen waar mijn baas acte de présence moet geven, beleef ik veel plezier.' Het beroep van secretaresse is heel erg veelzijdig. 'Jammer genoeg wordt het beroep nog vaak geassocieerd met het halen van koffie en met dienstbaarheid. Natuurlijk zijn dat ook aspecten die erbij horen, maar je bent een spin in het web en je krijgt vaak vertrouwelijke informatie te horen. Discretie is dan enorm belangrijk. Maar je moet je ook kunnen inleven in heel verschillende mensen (van patiënten tot doktoren)', aldus Karin. Een dag later hoor ik dat Karin Secretaresse van het Jaar is geworden.

Er werken volgens recente cijfers van het CBS uit 2011 ruim zes miljoen Nederlanders in loondienst. Zo ook Karin. Ze vindt het heerlijk om van alles te kunnen regelen voor haar baas, want dat is haar op het lijf geschreven. Sterker nog, zij heeft zelfs geprobeerd als zelfstandige organisator te werken, maar dat beviel haar helemaal niet.

Dit jaar heb ik meegelopen met ruim zeventig mensen die hun droombaan doen in loondienst. Mensen als restaurator Anna, dominee Henk, sluiswachter Peter, activiteitenbegeleider Ria, brandweerman Nelson en dierenverzorger Jackie. Mensen met heel uiteenlopende beroepen. Maar de mensen die deze beroepen uitoefenen hebben allemaal met elkaar gemeen dat wat ze doen, hun droombaan is.

Het maakt dus niet uit of je ondernemer bent, zelfstandige of in loondienst: iedereen is in staat om zijn droombaan te vinden!

Hoofdstuk 9

Een jongensdroom?

Rinkel de kinkel

Tien minuten voor de uitzending staat hij relaxed te ouwehoeren met een ict-programmeur over het verzenden van een koptelefoon vanuit Amerika. Iets later staat hij op scherp en klinkt de openingstune van zijn programma: 'Van Inkel in de middag' is begonnen.

Vandaag ben ik in de studio bij de 49-jarige Jeroen Donkerwinkel, beter bekend als Jeroen van Inkel. Een icoon in de Nederlandse radiowereld en vorig jaar nog bekroond met een oeuvreprijs voor zijn werk als dj in de afgelopen 33 jaar. Samen met zijn sidekick Patricia van Liempt maakt hij een luchtig radioprogramma op Q-music waarin romantiek, lust en gevaar worden afgewisseld. Jeroen: 'Het belangrijkste vind ik dat er een goede sfeer hangt. Ik wil de luisteraar een gevoel meegeven van "ja lekker". Voor mij is het daarom belangrijk dat alle componenten samenvallen: de overgangen tussen de items, leuke gesprekken, de samenwerking met Patricia en producer Anton en een juist gebruik van mijn stem op bepaalde momenten.'

Tijdens de show schuifelt Van Inkel in het rond, maakt wat grappen en besluit ter plekke samen met Patricia om een bepaald nieuwtje te pluggen. Dat dit allemaal spontaan gaat is een misvatting. De voorbereiding op de show begint vaak al zo'n vier uur van tevoren. 'We hebben een draaiboek en daaromheen is ruimte voor improvisatie. De kunst is wel om het zo over te laten komen alsof we het ter plekke hebben bedacht.'

Van Inkel blijkt een ware perfectionist. Hij kan zich groen en geel ergeren als dingen niet goed gaan. Als hij 's avonds thuiskomt en is bijgekomen van de show, beluistert hij deze nogmaals en geeft zichzelf een cijfer. Een acht is heel goed, een negen bijna perfect. En heeft hij zichzelf al eens een tien gegeven? 'Nee, dat is nog niet voorgekomen.'

Van Inkel had al als jochie de droom om iets met radio te doen. Toen hij voor het eerst thuis de stem hoorde van dj Eddy Becker zei hij tegen zijn moeder: 'Mam, dit wil ik later ook.' Thuis knutselde hij een dj-tafel in elkaar met zijn vader. Toch moest hij eerst zijn diploma's halen. Dat deed hij aan de Grafische School, maar in de tussentijd kreeg hij de mogelijkheid om in een disco te draaien. Daar viel hij zo op dat hij voor piraat Radio Nova de kans kreeg zijn entree te maken. De rest is geschiedenis.

Na de uitzending haalt Jeroen mooie anekdotes op uit deze tijd. 'Het vak is behoorlijk veranderd en tegenwoordig kijkt niemand meer echt op tegen een dj. Vroeger deed ik samen met Adam Curry 'drive in'-shows in het land en vaak kwamen we niet eens toe aan onze show. Gehinderd door alle handtekeningenjagers moesten er op een gegeven moment politie en dranghekken aan te pas komen om ons werk te kunnen doen. We lieten ons toen ook vervoeren als echte rockstars: achter in een oude limousine arriveerden we op de plek van bestemming.' Dat 'gevoel dat hij leeft' heeft hij ook nu nog sterk nodig. 'Ik wil stof doen opwaaien, want dat geeft mij een kick.' Tijdens de uitzending van vandaag maakt hij af en toe een provocerende opmerking. 'Je moet je vrouw durven slaan, maar het niet doen.' Maar het is wel de bedoeling om met zijn programma juist een goede sfeer neer te zetten. 'Afzeikradio is heel makkelijk, maar het is moeilijker om de juiste emotie bij mensen op te roepen.'

Een jongensdroom: dat is wat Jeroen Donderwinkel had. Als klein jochie was hij altijd al bezig met wat hij later professioneel zou gaan doen. Veel kinderen hebben zo'n jongensdroom (is het niet raar, dat je nooit van een 'meisjesdroom' hoort...). Volgens onderzoek van *Villa Achterwerk* (2008) is dit de top tien van droomberoepen:

1. Zanger of zangeres
2. Profvoetballer
3. Acteur of actrice
4. Dierenarts
5. Modeontwerper
6. Dolfijnentrainer
7. Juf of meester
8. Fotomodel
9. Advocaat
10. Kapper

Maar velen maken hun jeugddroom later nooit waar. In heel veel gevallen is zo'n jongensdroom niet te realiseren. Want 98% van de jongetjes die ervan droomt profvoetballer te worden, schopt het uiteindelijk niet verder dan een vriendenteam waar de spreekwoordelijke 'derde helft' belangrijker is dan de prestaties op zich. Hetzelfde geldt voor jonge zangers en zangeressen in de dop. Van de tienduizenden jongeren die zich opgeven voor talentenshows (er moest zelfs een stop worden gezet op de aanmeldingen van The Voice Kids: in een mum van tijd hadden 15.000 kinderen zich aangemeld) breekt maar een klein deel door om er later zijn of haar brood mee te verdienen.

Van de mensen die ik heb gevolgd zijn er wel enkele met een jeugddroom die is uitgekomen. Zo droomde glazenier Tom Philippus vroeger letterlijk van mooie glas-in-loodramen, om daar later zijn beroep van te maken. Automonteur Mark Michels wist op zijn tweede al alle automerken op de snelweg op te noemen; hij heeft van zijn passie zijn werk gemaakt. Loodgieter Dirk Ebbers liep als klein kind altijd mee met zijn vader, die ook loodgieter was. Hij droomde ervan om later ook loodgieter te worden. En imker Henk Hortensius was als jochie altijd in de natuur te vinden. Op zesjarige leeftijd werd hij gesnapt door de politie omdat hij de korven van een imker had opengemaakt. Toch wist hij intuïtief dat op een dag de bijen en hij grote vrienden zouden worden.

Is een droombaan dan onafscheidelijk verbonden met een jongensdroom? Uit bovenstaande voorbeelden lijkt dat er wel op. Veel mensen die ik spreek over mijn project denken ook dat een droombaan alleen te realiseren is als je vroeger een droom had.

Maar er zijn meer dan genoeg voorbeelden van mensen die er pas op latere leeftijd achter komen wat hun droombaan is. Sterker nog, van de 175 mensen is er maar een handvol die als kind al wisten wat ze later wilden worden en dat ook zijn gaan doen.

Sandra Oosterberg werkt nu zo'n negentien jaar bij de dierenambulance, waarvan vijftien jaar als betaalde kracht. Na diverse baantjes in de horeca nam ze pratend met een vriendin in de kroeg het besluit om zich aan te melden als vrijwilliger. Dit wilde ze al jaren, maar het kwam er nooit van. Door goed te presteren kreeg ze vier jaar later de mogelijkheid om bij de dierenambulance in loondienst te komen: haar droombaan werd een feit!

En CliniClown Marcel werkte jarenlang op een basisschool met jongeren met een verstandelijke en lichamelijke handicap. Toen hij tien jaar onderwijzer was, kwam hij in aanraking met toneel. Dat werd een steeds grotere passie en hij volgde allerlei cursussen, waaronder clownerie. Hij deed zelfs een acteeropleiding en een dag nadat hij deze opleiding afrondde zag hij een vacature voor CliniClown. Toen hij uit de strenge selectie werd gekozen had hij het gevoel alsof hij profvoetballer was geworden.

Nog iemand die van lachen haar beroep heeft gemaakt, is Alida van Leeuwen. Ook zij kwam er pas op latere leeftijd achter wat haar droombaan was.

Een dag niet gelachen, is een dag niet geleefd

Ho ho ha ha ha, ho ho ha ha ha... Dit klapritme zoemt nog steeds na in mijn oren als ik terugdenk aan mijn dag vol lachyoga.

Ik sta in de workshopruimte van de veertigjarige Alida van Leeuwen. Ik begeef me in een groep van vier mensen die in twee dagen wordt opgeleid om workshops lachyoga te mogen geven. Het eerder genoemde klapritme wordt gedurende de hele dag ingezet nadat een lachoefening is afgesloten. Terwijl ik daar ben, passeren verschillende oefeningen de revue. Van de mobiele telefoon-lach, de leeuwenlach en de rolmaatlach tot de 'handshake'-lach. Bij elke oefening legt ze uit wat de bedoeling is, en waar mogelijk legt ze ook de wetenschappelijke achtergrond uit.

Alida geeft deze workshops nu zo'n vijf jaar. Daarvoor vervulde ze allerlei functies bij Achmea, maar door een reorganisatie en gezondheidsproblemen had ze een time-out nodig. In haar vrije tijd had ze toen al diverse malen deelgenomen aan workshops over clownerie, maar pas toen ze aanhaakte bij een workshop lachyoga viel bij haar het kwartje. Alida: 'Vanuit mijn studieachtergrond was ik altijd al geïnteresseerd in de effecten van de positieve psychologie op mensen. Ik merkte dat lachen zowel lichamelijk als geestelijk veel goed kan doen. Hier wilde ik meer mee doen.'

Ze besloot zich helemaal te storten op het lachen, werd zelf lachyoga-begeleider en ook ambassadeur van het 'lachen zonder reden' in Nederland. Alida: 'Je hoeft niet altijd met een reden te lachen. Humor is vaak persoonsgebonden en kan ook kwetsen. Door te lachen zonder reden leer je te lachen met elkaar. Door sociaal wenselijk gedrag, angst of zelfcontrole verdwijnt het aangeboren vermogen om te lachen naarmate we ouder worden steeds meer. Kinderen lachen gemiddeld zo'n 300 tot 400 keer per dag, terwijl volwassenen dat nog maar zo'n 15 keer per dag doen.'

En dat terwijl is aangetoond dat lachen heel gezond is! Het heeft een positief effect op het immuunsysteem, helpt tegen stress en verhoogt het zuurstofgehalte in het bloed.

Zeker in de ochtend moet je er even inkomen om vanuit het niets te gaan lachen. 's Middags barst het feest echter los en volgt het ene lachsalvo het andere op. Het lachen werkt heel aanstekelijk en zo af en toe wordt er ook nog eens een traantje weggepinkt. Naast de workshop die ze vandaag geeft, doet Alida veel lachworkshops voor het bedrijfsleven en voor particuliere groepen (vrijgezellenfeestjes). Ook geeft ze een-op-een lachtherapie aan mensen. Als ambassadeur brengt ze lachyogabegeleiders bij elkaar, maar promoot ze ook diverse evenementen zoals de Wereldlachdag die elk jaar op de eerste zondag van mei plaatsvindt. 'Ik vind het heerlijk om me de hele dag met lachen bezig te houden en daar ook nog mijn inkomen mee te verdienen. Het is helemaal bijzonder als je mensen aan het lachen krijgt die dit helemaal verleerd hebben, bijvoorbeeld doordat ze depressief zijn. Of mensen die vooraf zeggen: "Dit is niets voor mij," die dan toch meedoen en ontspannen aan het lachen zijn.'

Nadat we zelf ook nog onze oefeningen hebben gepresenteerd, zit deze dag erop. Ik ben redelijk uitgeput van het lachen. Maar goed, heerlijk om te doen; ik sluit me dan ook graag aan bij het motto van Alida: 'Een dag niet gelachen is een dag niet geleefd!'

Al met al...

Iedereen kan zijn droombaan doen! Eigenlijk maakt het helemaal niet uit wat je achtergrond is of hoe oud je bent. Mensen gebruiken tientallen excuses om niet de baan te doen die ze eigenlijk het liefst zouden willen. Dus...

Of je nu de middelbare school hebt verlaten om te gaan werken, zoals boswachter André Wels, of een opleiding kunstgeschiedenis hebt gedaan aan de universiteit, zoals veilingmeester Mark Grol.

Of je nou achttien jaar bent, zoals rietdekker Gerben Langemeen, of 48 jaar, zoals guerillamarketeer Cor Hospes.

Of je nu ondernemer bent, zoals meubelmaker Jacco Bakker, zelfstandige, zoals buitensportinstructeur Marcel van Lokven of in loondienst werkt, zoals secretaresse Karin van Peursen.

Of je nu een jongensdroom hebt, zoals radio-dj Jeroen Donderwinkel, of pas op latere leeftijd erachter komt wat je wilt doen, zoals lachpsycholoog Alida van Leeuwen.

Het maakt niet uit! Iedereen kan zijn droombaan doen!

Je kunt zo veel excuses bedenken waarom je niet je droombaan zou kunnen doen: 'Ik heb een hypotheek, ik heb een gezin, ik ben nog onervaren, mijn partner wil het niet, ik wil niet te ver reizen...'

En natuurlijk zullen er af en toe ook echt geldige excuses voor te bedenken zijn, omdat je in omstandigheden verkeert waarin je al blij bent als er brood op de plank komt. Waar het mij hier om gaat is dat dit soort excuses worden aangehaald, opdat mensen voor zichzelf goed kunnen praten om niet datgene te doen wat ze diep in hun hart het liefst zouden doen. Wat wil jij met je arbeidzame leven doen?

De 175 mensen met wie ik heb meegelopen doen allemaal hun droombaan. Zij gebruiken geen excuses om datgene te doen wat ze het liefst willen. Zij hebben hun hart gevolgd. Ze hebben een ding gemeen: ze doen allemaal hun droombaan, maar ze zijn ook allemaal uniek. Daarom verschillen de drijfveren wat hun baan nou tot een droombaan maakt. Hierover gaat deel drie van dit boek.

Droombaantips

Chefkok Yuri Verbeek: 'Om erachter te komen wat je wilt, moet je bewust gaan dromen. Denk *out of the box* en geef geen oordelen over wat er in je opkomt.'

Entertainer Hans van Gils: 'Stel jezelf een aantal vragen: past het bij me, kan ik op tegen de achterdocht in mijn omgeving, ben ik bereid om in mezelf te investeren, kan ik tegen de onzekerheid van periodes zonder inkomen? Als je op twee van deze vragen "nee" antwoordt, moet je het niet doen.'

Theatermaker Johan Cahuzak: 'Durf risico's te nemen om je droombaan te krijgen. Het gaat nooit vanzelf en je moet er wel tijd in willen investeren. Zie het ook eens zo: als je ontslagen wordt, kan dat ook een kans zijn.'

Dierenarts Tjitte Reijntjes: 'Geef nooit op. Of dat nu tijdens je studie is, bij het solliciteren of in je loopbaan. Geef nooit op.'

Fietsenmaker Joep van Ginderen: 'Denk aan de tijd toen je nog een kleuter was, wat deed je toen het liefst? Ga op zoek naar mensen die je kunnen inspireren over wie je bent en wat je kunt.'

Architect Lovisa Rottier: 'Wees eerlijk tegenover jezelf over wat je talenten en kwaliteiten zijn. Doe geen dingen omdat ze zo horen, maar omdat je het leuk vindt.'

Straat-o-loog Pim van den Berg: 'Durf tegendraads te denken en stap uit je angsten. Zoek je eigenheid en investeer in inspiratie. Geniet en leef in het nu.'

Reisleider Justin Lagas: 'Doe wat je leuk vindt. Realiseer daarbij dat niet geschoten altijd mis is. Je kunt per slot van rekening altijd nog wat anders gaan doen.'

Gerechtsdeurwaarder Gerard Zwerus: 'Als je jouw droombaan hebt gevonden, geeft dat heel veel voldoening en je voelt je als mens ook completer. Bovendien neem je dit goede gevoel ook mee naar huis. Je omgeving wordt daar dan ook blijer van.'

Intermezzo 2

Ken je dat gevoel van een eerste werkdag? Je schudt iedereen de hand, waarbij je al blij mag zijn dat je de naam van je begeleider aan het einde van de dag nog weet. Waar was de wc ook alweer en hoe werkt het koffiezetapparaat? En kun je alle andere informatie ook nog onthouden? Nou, dat gevoel heb ik dikwijls gehad afgelopen jaar.

De eerste maand is erg slopend. Alles is nieuw en ik moet mijn draai hier en daar nog vinden. Zo maak ik soms absurd lange dagen: tot twaalf uur middernacht meelopen met veilingmeester Mark, om twee uur 's nachts mijn verslag afmaken en de volgende ochtend weer op de stoep staan bij secretaresse Karin – terwijl ik diezelfde dag een interview bij BNR heb.

Ik kom er dan ook al snel achter dat vier dagen meelopen in de week (een dag in de week heb ik een vrije dag voor mijn dochtertje Felice) een te zware wissel op mij trekt. Want de droombanen moeten ook nog worden ingepland. Helaas is dat geen kwestie van 'een belletje en dan is het geregeld' (als ik al iemand meteen te pakken krijg). Vaak moet ik er nog een mailtje over sturen en dan nog eens nabellen. Het komt regelmatig voor dat er maanden overheen gaan, voordat we een geschikte dag kunnen inplannen.

Gelukkig krijg ik veel energie van de droombaandagen zelf en van de mensen met wie ik meeloop. Het is erg leuk om een kijkje te nemen in de keuken van zoveel verschillende beroepen. Zo begin ik de dag bij boswachter André met een wandeling van twee uur over de hei. Dit doet hij bijna elke ochtend om zijn kennis paraat te houden. Bij brandweerman Nelson loop ik mee met een training waar rookmachines worden ingezet. Ik zie geen hand voor ogen en krijg het redelijk benauwd in mijn pak (laat staan als er echte rookontwikkeling zou zijn!). Bij kastelein Oscar help ik mee met het tappen van bier. En bij barista Joris kan ik wel twintig bekertjes koffie weggooien voordat ik net zo'n lekkere cappuccino kan zetten als hij.

Van veel beroepen is het fantastisch om een dag mee te lopen, maar vind ik het mooi dat het daarbij blijft. Het zijn per slot van rekening niet mijn eigen droombanen. Heel heftig vind ik de dag met verpleegkundige Berthie van de spoedeisende hulp van het vu-ziekenhuis. Een vrouw die gevallen is van de stoel in haar achtertuin, wordt binnengebracht met verlammingsverschijnselen. En een baby van vier maanden wordt naar de shockroom gebracht, nadat ze op de crèche in haar bedje op haar buik was komen te liggen. Het mag helaas niet meer baten.

Ook krijg ik mailtjes van mensen die vragen naar tips. Zo mailt ene Astrid dat ze al een jaar werkloos thuiszit, wel veel vrijwilligerswerk doet en in haar werk graag mensen ondersteunt in hun ontwikkeling. Maar het lukt haar helaas niet om zichzelf vooruit te helpen. Of ik wat ervaringen wil delen, over hoe ze haar droombaan kan vinden. En ene Jacqueline mailt me dat ze mijn project zo leuk vindt dat ze het graag over wil nemen, mocht ik een pauze willen. Verder melden tientallen mensen zich spontaan aan, naar aanleiding van interviews op de radio, tv en in de krant. Het is fantastisch dat zoveel mensen reageren en op de een of andere manier geïnspireerd raken.

Ik krijg ook steeds beter inzicht in de betekenis van een droombaan voor mensen. Sommigen vinden het best spannend om iemand een dag mee te laten lopen. In een interview kun je het bij algemeenheden houden, maar nu kijkt er iemand over je schouder mee, naar hoe jij je werk uitvoert. Dan moet je je toch enigszins blootgeven. Nu is het wel zo dat de mensen met passie voor hun werk er heel graag over vertellen. Dat heb ik wel gemerkt! Vaak zit mijn hoofd 's avonds nog vol met verhalen, bijvoorbeeld over wat de medewerker van de dierenambulance heeft meegemaakt of over de te nemen stappen bij het gieten van edelmetaal.

Elke dag is het weer een verrassing wat me te wachten staat. Ik laat de gebeurtenissen allemaal over me heen komen.

Zoals die dag met de inspecteur van de GGD: hij gaat huizen af waar melding is gemaakt van stank of geluidsoverlast. De dag begon met een stankgevalletje. Toen we de brievenbus opendeden van het huis, kwam een mengeling van putjeslucht en uitwerpselen ons tegemoet. De bewoner bleek niet thuis te zijn. Het enige wat we konden doen was een briefje in de bus gooien. Later op de dag kwamen we bij een huis waar een opruimploeg bezig was. Het vijfkamerappartement was tot de nok toe gevuld met troep en de vrouw, die een zware 'bewaarneurose' had, was opgenomen, zodat haar huis 'opgeruimd' kon worden.

En mijn dag bij rietdekker Gerben Langemeen begon lekker: toen ik nog maar vijf minuten op de steiger stond maakte een collega van Gerben een misstap en viel zo een paar meter naar beneden in een ijskoude sloot... Oef.

Een aparte dag is het ook bij lachpsycholoog Alida van Leeuwen. Met een groepje van vier cursisten wordt de lachworkshop 's ochtends enigszins rustig ingezet. Iedereen lijkt zich een beetje ongemakkelijk te voelen bij de oefeningen. Maar 's middags zitten de deelnemers er helemaal in en gaan ze echt los, waarbij sommigen bijna niet meer uit hun schaterlach lijken te kunnen komen.

Bij sommige beroepen moet ik er veel moeite voor doen om mijn vragen te kunnen stellen. Ik wil mensen echt in hun werkomgeving zien en ze daar zo min mogelijk bij storen. Zo moet ik bij regisseuse Astrid enkele zeer korte pauzes benutten tijdens de schaatswedstrijden die ze regisseert, om mijn vragen over haar beroep te kunnen stellen. Behalve interviewen en meekijken wat een beroep inhoudt, probeer ik ook de werkzaamheden van elk beroep zelf uit te voeren. Bij treinmachinist Koos bleek dat nogal lastig: ik kan natuurlijk geen trein gaan besturen. Wel mag ik af en toe wat omroepberichten voor mijn rekening nemen. Maar bij boomverzorger Paskal klim ik zelf ook de touwen in, bij patissier Michel tik ik de eitjes stuk en bewerk ik het deeg voor appelschnitten, en bij dolfijnen-trainer Leon lukt het me om een springende dolfijn uit het water een *handshake* te laten geven.

Deel 3

Wat maakt een baan een droombaan?

Bakker Lucas fleurt helemaal op als hij een nieuw brood heeft bedacht.

Fietsenmaker Joep van Ginderen miste de relevantie in zijn vorige werk. Nu importeert hij fietsen uit Ghana die hij hier in Nederland op de markt brengt, en waarvan een deel van de opbrengsten terugvloeit naar Ghana.

Vertegenwoordiger Ron Yanse komt helemaal tot zijn recht door zijn werk helemaal zelf in te delen. Hij wordt niet afgerekend op het aantal uren dat hij maakt of het aantal klanten dat hij aandoet, maar door de output die hij levert.

Dierenarts Tjitte Reijntjes heeft veel afwisselende werkzaamheden. Op het ene moment houdt hij telefonisch spreekuur, dan is hij weer bezig met een operatie en het volgende moment behandelt hij een zieke hond.

Klokkenrestaurateur Geert Mouthaan kan urenlang vertellen over de antieke klokken die hij restaureert en vindt op beurzen.

Deze mensen hebben allemaal plezier in hun werk, halen er voldoening uit, ze doen wat bij ze past én ze verdienen er hun brood mee. Kortom: ze doen allemaal hun droombaan. Maar juist datgene wat bij hen past verschilt onderling. Waar de één een uitdaging ziet in de ontwikkeling van nieuwe broodconcepten, is voor de ander de zingeving van zijn werk het allerbelangrijkste.

In dit deel ga ik in op die verschillen. Want als je jouw droombaan wilt doen is het handig om te weten wat jouw drijfveren en talenten zijn, zodat je beter kunt achterhalen wat voor soort baan bij jou past.

De drijfveren, of 'droombaandrivers' zoals ik ze noem, zijn: expertise, autonomie, afwisseling, uitdaging en zingeving. Deze zullen achtereenvolgens in de volgende hoofdstukken worden behandeld. Ook zal ik stilstaan bij de verschillende talenten van mensen met een droombaan.

Hoofdstuk 10
Expertise

De tijd tikt door bij Geert

Tik tak, tik tak, tik tak. Honderden klokken hangen aan de wand en staan op tafels, en elke klok bepaalt zijn eigen ritme. De een doet dat nog mooier en statiger dan de andere. Klokken uit de achttiende eeuw, vergulde klokken, klokken met prachtig klinkende namen als Oeil de boeuf of Capucine. En allemaal zijn ze inmiddels weer een uurtje teruggezet na afgelopen zaterdag, toen de wintertijd inging. Het is 'een en al klok wat hier de klok slaat' bij klokkenmaker Geert Mouthaan (52 jaar). Hij heeft een winkel in de vesting van Naarden en restaureert daar antieke klokken.

Mouthaan beoefent het vak inmiddels bijna dertig jaar. Hij wist al vroeg dat hij erg handig was met zijn handen: op de middelbare school had hij zijn eigen fietshandeltje. Hij wilde zich vakmatig bezighouden met het maken van dingen. Op de vakschool in Schoonhoven koos hij dan ook voor klokken en niet voor horloges. 'Voor horloges ben je zo afhankelijk van onderdelen en dan maak je niet echt iets zelf,' aldus Geert. Hij vertelt met veel toewijding over de historie van een aantal klokken. Zelf vindt hij een van de leuke onderdelen van zijn vak het inkopen van klokken. 'Soms kom ik op beurzen en zie ik een parel van een uurwerk. Dan zie ik aan een paar details bijvoorbeeld dat een klokkast die normaal alleen in Frankrijk gemaakt wordt uit Zwitserland komt: dat is uniek, en die klok wil ik dan hebben.' Als hij de klok heeft ingekocht dan begint het echte werk: het restaureren. 'Ik wil dat de klok zoveel mogelijk in originele staat wordt hersteld. Natuurlijk moet de klok het weer gewoon doen, maar je dient ook heel goed te letten op de manier waarop deze in elkaar is gezet en welke materialen zijn gebruikt. Ik krijg hier zo vaak klokken binnen waar een amateur aan heeft zitten prutsen.' Dat restaureren luistert nogal nauw. Je moet behoorlijk geduldig zijn en vasthoudend om dit werk te kunnen doen, merk ik die middag ook zelf. 'Een klant heeft net een katrol van een lantaarnklok gebracht, waar het gewicht vanaf is gevallen. Door de as en de beugel te vervangen kan deze weer in ere hersteld worden, zodat de klok weer kan worden aangedreven. Met behulp van een schuifmaat en draaibank wordt de as gemaakt. De katrolbeugel zaag ik uit een stuk messing zodat deze gebogen kan worden en aan de katrol kan worden bevestigd. Het is een precies werkje, maar nog niets vergeleken met het zo nauwkeurig mogelijk afstellen van het raderwerk van de klok.'

'Links is langzaam, rechts is rap,' klinkt het een aantal keer vandaag. Een paar klanten komt binnen met de mededeling dat hun klok achterloopt. Door de schroef op de slinger naar rechts te draaien wordt deze korter en wordt de frequentie hoger, zodat de klok weer sneller gaat lopen. Geert zegt: 'Gelukkig kun je op deze manier klanten snel helpen, maar soms komt er meer bij kijken. Door het voortdurende gebruik door de eeuwen heen slijt het mechaniek en raakt de klok van streek.' En waar raakt Geert zelf van streek van? 'Ik ben erg gewend aan het ritme dat de klokken slaan en eigenlijk hoor ik ze niet meer. Pas wanneer er een niet tikt dan merk ik dat en gaan bij mij de alarmbellen af.' Ja, zoals het klokje thuis tikt...

Vakidioten: gedurende mijn droombaanjaar heb ik er velen ontmoet. Geert is er een van. Hij 'ademt' klokken. Het gaat zelfs zo ver dat als een klok niet meer tikt hij dat hoort. Niet alleen in zijn winkel is hij met klokken bezig; ook daarbuiten. Hij bezoekt beurzen om klokken te bekijken en op te kopen. Hij weet alles van de historie van klokken en vertelt hier mensen graag en met veel enthousiasme over. Daarnaast neemt hij deel aan allerlei evenementen, om de antieke klok op de kaart te zetten. Zijn bedrijf is ook een leerwerkplek voor leerlingen die het vak van klokkenrestaurateur willen leren.

Geert is een typisch product van de ambachtseconomie. Wat ik in het afgelopen jaar veel heb gezien, is dat mensen die een ambacht beoefenen een enorme passie hebben voor hun product. Voor ambachtslieden is het maken van een concreet product een van de belangrijkste drijfveren in hun droombaan. Het geeft ze ontzettend veel voldoening om iets tastbaars te maken met hun handen; dat vervult hen met trots. Dit betekent overigens niet per se dat alle ambachtslieden 'expertise' noemen als belangrijkste drijfveer voor hun droombaan.

Helaas hebben veel ambachten het moeilijk vandaag de dag. Het werk van vakspecialisten wordt vaak ondergewaardeerd, terwijl onze economie niet zou kunnen draaien zonder ambachten. Ambachten kleuren de maatschappij. Kijk naar de huizen en de mensen om ons heen: huizen met dakpannen of met riet gedekt door rietdekkers als Gerben Langemeen, bijvoorbeeld gemetseld door metselaar Arnold Ros. We hebben stromend water in de keuken en de badkamer dankzij loodgieters als Dirk Ebbers, en electriciteit en licht vanwege een electricien als Ronald Putters. Brood en banket komt van banketbakker Lucas Vermeulen en vlees van slager Johan Dooper. We gaan naar kapper Fred Roumen, dragen een ring van edelsmit Stefan Witjes en laten onze schoenen herstellen door Evert ten Ham. En zo kan ik nog wel even doorgaan. Al deze mensen beginnen elke dag weer met grote passie aan hun werk.

Naast de grote groep ambachtslieden die expertise als voornaamste drijfveer voor hun droombaan zien, zijn zij niet de enigen die dit als belangrijkste noemen in hun baan. In alle beroepsgroepen komt dit voor. Neem bijvoorbeeld goochelaar Robin Buitenweg.

'It's all Magic' met 'The Matrix'

'Ja meneer en mevrouw: leg uw vinger maar op het pak kaarten! Niet schrikken: u krijgt zo een schok. 1, 2, 3. En: voelde u de schok? Nee? O, jammer. Maar wat wel schokkend is, is de volgende truc.' Hij heeft de aandacht van zijn toehoorders en haalt vervolgens een truc uit met de omgekeerde kaart. De door hen genoemde kaart (een ruiten negen) blijkt omgekeerd tussen alle overige kaarten te liggen. 'It's magic!' Ik ben op pad met goochelaar Robin Buitenweg (25 jaar), die luistert naar de artiestennaam Robin Matrix.

We bewegen ons op een kleurrijk en zacht tapijt van een casino in Scheveningen. Robin is ingehuurd om de aanwezige mensen te vermaken. Dat is nog best een opgave, niet zozeer door de trucs zelf, maar meer doordat de meeste mensen hun aandacht op de voor hen aanwezige gokkasten hebben gericht. 'Het is altijd een extra opgave om mensen te interesseren voor je trucs. Dat geldt voor optredens in casino's, maar ook voor die van bedrijfsfeesten of feesten van particulieren,' aldus Robin. Jaarlijks doet hij zo'n honderdvijftig voorstellingen waarvan tweederde het zogenaamde tafelgoochelen of close up is, een deel illusionisme en zo'n tien speciale voorstellingen, zoals het tevoorschijn toveren van een directeur of een nieuw logo. 'Ik reis het hele land door voor mijn voorstellingen en kom op de vreemdste plekken. Soms sta ik me in een badkamer van een BN'er om te kleden en dan weer in een magazijn op een achterafplekje.'

De avond begint in een geïmproviseerd hok waar Robin zijn nette pak aantrekt en zijn 'pocketmanagement' op orde brengt. 'Je moet precies weten waar alles zit als je gaat spelen, zodat je niet misgrijpt.' Tijdens de voorstelling is hij helemaal in zijn element. Met vingervlugge bewegingen speelt hij 'balletje balletje' of de variant met aanstekers, laat hij horloges verdwijnen of verandert hij briefjes van vijftig in die van vijf euro. 'Daar ben ik één keer de mist mee ingegaan, toen ik vijf euro in vijftig euro veranderde en de beste kerel het geld niet wilde teruggeven. Toen moest de beveiliging ingrijpen... haha.'

Robin kwam op zijn achtste in aanraking met de goocheldoos van zijn broer en was er niet meer bij weg te slaan. Hij las alles over goochelen in de bibliotheek en in de brugklas kocht hij zijn eerste trucs. 'Daar heb je vaak weer aparte experts voor, die de trucs bedenken. Dat is minder aan mij besteed, want je moet daar heel veel tijd in stoppen. Niet dat je na het kopen van een truc klaar bent, want die moet je jezelf nog eigen maken en dat vergt soms maanden, jaren oefenen.' Hij heeft van zijn hobby zijn werk kunnen maken door heel veel te oefenen en door te zetten. 'Mijn omgeving reageerde niet altijd constructief, maar als je ergens in gelooft moet je er gewoon voor gaan.' En dat deed hij, hij werkte onder andere een aantal maanden in Japan en gaf aan het begin van zijn carrière veel shows voor een laag tarief. Daar kwamen dan weer serieuze boekingen uit voort en inmiddels timmert hij alweer zes jaar aan de weg. Naast zijn werk houdt hij ook nog een website bij waar mensen allerlei leuke trucs kunnen leren.

Zelf leer ik nog een paar trucs van Robin met kaarten en elastiek, maar ik kan hier natuurlijk niets over zeggen omdat dat beroepsgeheim is. Bij een aantal trucs tast ik nog steeds in het duister. De snelheid van handelen in combinatie met het mensen ergens anders naar laten kijken dan zijn handen, zijn miraculeus te noemen. Veel verbaasde reacties vallen 'The Matrix' dan ook ten deel bij zijn trucs. Ja, 'it's magic!'

Er zijn meer voorbeelden te noemen.

Beleggingsanalist Royce Tostrams heeft veel sporen in zijn vak verdiend. Hij haalde in de jaren tachtig van de vorige eeuw het vak van technische analyse uit de Verenigde Staten naar Nederland, en behaalde diverse prijzen in zijn vakgebied. De meeste voldoening haalt hij uit het feit dat hij zijn kennis kan overbrengen en dat mensen van zijn analyses gebruikmaken.

En beroepsduiker Bart Cassiers laat naast zijn werkzaamheden onder water ook boven water van zich horen. Hij is een eigen opleiding in onderwaterlassen gestart. Beroepsduikers zijn al erg schaars, maar als je onderwaterlassen beheerst kun je overal aan de slag. Een dergelijke opleiding bestond nog niet in Europa en Bart heeft zich hiervoor hard gemaakt.

Ergotherapeute Wendy van der Kroft zet zich niet alleen voor haar werk in, maar daarnaast ook voor kinderen met een beperking. Op haar initiatief verzamelde ze alle informatie die op dit gebied beschikbaar is en opende ze een website waarop ouders terecht kunnen met al hun vragen.

Mensen die expertise als drijfveer noemen in hun droombaan gaan op in hun vak, zijn trots op wat ze creëren en vinden het leuk hun kennis in te zetten binnen of buiten hun branche.

Hoofdstuk II
Autonomie

Stralende Wouter

Heb je wel eens gehoord van het beroep 'stralingsdeskundige'? Nee, dat is niet iemand die op afstand je aura's kan lezen. Wel is het iemand die erop toeziet dat bijvoorbeeld röntgenapparatuur niet te veel straling uitzendt. Wouter Stam (36 jaar) is zo iemand die dat doet.

Wouter werkt gemiddeld een dag per week bij een bedrijf dat stralingsdetectoren tegen radioactieve stoffen fabriceert. Twee dagen per week is hij werkzaam in het Diaconessenziekenhuis in Leiden, waar ik vandaag een kijkje kom nemen. Hier bestaan zijn hoofdtaken uit stralingsbescherming, kwaliteitsborging en het opzetten van een toetsingsprogramma. Wouter: 'In de kern komt het erop neer dat patiënten, maar vooral ook personeel dat het hele jaar door aan straling wordt blootgesteld, niet meer dan de limiet van 20 miliciviet binnen mag krijgen. 'Door onder andere de wanden van lood te voorzien (materiaal dat de straling tegenhoudt), maar het personeel ook loodschorten te laten dragen kan deze hoeveelheid worden teruggedrongen.'

Stam ontwikkelde op de havo een bovenmatige interesse in natuurkunde. Maar omdat hij in die tijd liever met andere dingen bezig was, ging hij met een vriendin de pabo doen. Dit bleek echter niets voor hem. Na een jaar uitzendbaantjes en een verkorte opleiding tot meubelmaker kroop het bloed waar het niet gaan kon: op zijn tweeëntwintigste begon hij dan toch met de studie technische natuurkunde. Tijdens zijn afstudeeropdracht bij het Reactor Instituut volgde hij zijn eerste cursus voor stralingsdeskundige.

Vandaag doen we onder andere een meting van de röntgenapparatuur. Alle termen die hierbij gebruikt worden duizelen nog door mijn hoofd (van mAs-waardes tot anodes en kathodes). Dit is een meting die maandelijks plaats-vindt, en die inzichtelijk moet maken of de waardes van de meting niet te veel afwijken van het gewenste niveau. 'Het is de bedoeling dat het personeel deze metingen zelf gaat uitvoeren en interpreteren als ik hier over anderhalf jaar weg ben.'

Wouter werkte na zijn opleiding een jaar bij een bedrijf waar hij zich bezighield met niet-destructief onderzoek. Maar het vooruitzicht om de hele wereld over te moeten reizen deed hem overstappen naar het Medisch Centrum Haaglanden. Hier werkt hij zes jaar als stralingsdeskundige. Sinds begin dit jaar waagt hij de sprong in het diepe, en wordt hij zelfstandig stralingsdeskundige.

In een andere radiologische kamer legt Wouter uit dat hier een nieuwe inrichting voor is ontworpen. Zijn werk bestaat eruit om advies uit te brengen over de dikte van het lood dat in de muur moet worden geplaatst. 'Je moet rekening houden met wat er zich bijvoorbeeld achter de muren en ramen afspeelt (komen daar veel mensen en begeven die zich daar maar even of voor langere tijd?) en je ad-vies ook afwegen tegen de kosten die dat met zich meebrengt.'

Een van de belangrijkste redenen voor Wouter om als zzp'er te gaan werken, was de zelfstandigheid die hij hiermee zou verwer-ven. Hij had zes jaar lang voor een baas gewerkt en dat botste wel-eens. Hij liep regelmatig tegen procedures op waar hij het niet mee eens was. Zijn behoefte aan vrijheid en zelfstandigheid was groter dan die van de zekerheid van een vast inkomen. Nu hij als zelfstan-dige werkt en hij voor meerdere opdrachtgevers werkzaamheden uitvoert, komt de inhoud van zijn werk ook beter tot zijn recht. Dat uit zich in de extra diensten die hij voor zijn klanten levert. Je kunt zeggen dat Wouter weer helemaal is opgebloeid.

Voor heel veel zzp'ers geldt hetzelfde als voor Wouter. Veel zzp'ers hebben jarenlang in loondienst gewerkt en kiezen nu voor de vrijheid van het bestaan als zelfstandige. Uit verschillende on-derzoeken blijkt dat vrijheid voor deze groep ook de belangrijkste drijfveer is. Van den Born enquêteerde in samenwerking met de Universiteit Antwerpen en de Universiteit Utrecht in 2009 via internet ruim 1450 hoogopgeleide zelfstandige kenniswerkers. Hij vroeg onder meer naar hun startersmotieven. Als belangrijkste reden noemt 65 procent 'meer vrijheid en flexibiliteit om mijn eigen tijd in te delen', met als goede tweede: 'meer autonomie/eigen baas zijn'.

Uit ander onderzoek (RulersGroup, 2011) blijkt dat bij zzp'ers het vooral de vrijheid is die hen motiveert om zelfstandig te worden of te blijven. De vrijheid om zelf opdrachten te kiezen geeft veel voldoening en werkplezier. Daarmee is overigens niet gezegd dat dit automatisch voor elke zzp'er de belangrijkste drijfveer is, maar de kans is wel groot.

Toch kom je ook in loondienst mensen tegen die zich vrij voelen, en die daar ook daadwerkelijk invulling aan kunnen geven. Deze mensen kunnen zich vrij bewegen in hun werkomgeving, waar hun baas stuurt op output in plaats van hun allerlei regels en procedures op te leggen. Dit zijn mensen met een droombaan in loondienst.

Het grote hartje van Ron

Een strak pak, een blitse auto en een vlotte babbel. Dat is vaak het clichébeeld van een vertegenwoordiger. En o ja: de vrijheid van het altijd onderweg zijn. Voor vertegenwoordiger Ron Yanse (49 jaar) voldoet het tweede beeld redelijk, maar tegen het eerstgenoemde beeld heeft hij een sterke aversie, zo blijkt gedurende deze droombaandag.

Rondrijdend in een busje en gekleed in een luchtig T-shirt van zijn bedrijf Hartje heeft Ron de regio Zuid-oost Nederland onder zijn hoede. Zijn bedrijf is groothandelaar in ruim 50.000 fietsonderdelen en Yanse verkoopt deze onderdelen aan fietsenwinkels. 'Het gaat bij verkopen om het opbouwen en in standhouden van een relatie tussen de klant en mij. De klant wil iets hebben en ik kan hem dat namens mijn bedrijf aanbieden.' Dat niet elke klant een directe aankoop doet wordt vandaag al bij de eerste paar klanten duidelijk. De een heeft het druk, bij de ander drinken we alleen een kop koffie. 'Het is juist zaak niet te gaan pushen, maar de relatie centraal te stellen. Ik laat het wel weten als er nieuwe dingen in het assortiment zijn of bepaalde aanbiedingen, maar de klant weet zelf onze website te vinden waar hij kan bestellen – dat houd ik uiteraard wel in de gaten.'

Ron zit nu zo'n dertien jaar in het vak en doet dit werk met veel plezier. 'Hiervoor heb ik allerlei baantjes gedaan, van horeca tot verkoopmedewerker in electronicazaken. De vrijheid die ik in deze baan heb is heerlijk. Ik ben zelf verantwoordelijk voor mijn klanten en bepaal wanneer ik bij wie langsga. In de praktijk is dat vaak eens in de vier weken. Ik heb zo mijn targets, maar ben er zelf helemaal verantwoordelijk voor hoe ik mijn werk indeel en hoe ik die targets behaal.'

Het belangrijkste in zijn vak is eigenlijk goed te luisteren naar de wensen van de klant en de klant daar ook in kennen. 'Kijk, ik kan wel proberen onderdelen voor kinderfietsen te slijten aan een zaak die elektrische fietsen verkoopt, maar dat heeft helemaal geen zin.' Het onderhouden van de relatie betekent ook dat Ron retouren mee moet nemen van producten die stuk zijn of het verkeerde product blijken te zijn. Ook vandaag gebeurt dat een paar keer en zonder morren neemt Ron deze producten in ontvangst en belooft ze in orde te maken. Zijn klantenkring bestaat uit meer dan honderd klanten en is zeer afwisselend: zo zijn we onder andere bij een klant met Duitse roots die de 65 is gepasseerd, maar ook bij een mountainbikezaak waar een jonge gespierde kerel ons te woord staat. Het is dan ook belangrijk om jezelf te zijn, want als je allerlei trucjes gaat toepassen val je vanzelf door de mand.

Tussen de klantbezoeken door wordt Ron af en toe gebeld, of belt hij zelf nog een klant om te vragen of het schikt dat hij de volgende dag langskomt. 'Sommige klanten willen dat het liefst.' Vandaag komt het ook een paar keer voor dat als we ergens aankomen en er een vertegenwoordiger van een ander bedrijf aanwezig is. Als dat iemand is van een concurrent stapt hij meteen de deur uit, omdat een bezoek dan toch geen zin heeft.

Al met al heeft Ron naar eigen zeggen een zeer gevarieerde baan en dat maakt het voor hem ook zijn droombaan. 'Daarnaast vind ik het heel mooi als mensen oprecht iets met mij van doen willen hebben.' Een pas geworven klant in Deurne geeft wat dat betreft mooi aan hoe hij tegen Ron aan kijkt: 'Hij heeft hier een stekje geplant en nu komt hij elke keer water geven om het groot te laten worden.'

Hoofdstuk 12
Afwisseling

Nog een belangrijk aspect van een droombaan is de afwisseling in het werk. Nu is dat voor heel veel mensen – ook die niet hun droombaan doen – een belangrijk motief. Uit onderzoek (Scholieren.tv, 2011) bij scholieren tussen de tien en zestien jaar blijkt bijvoorbeeld al dat 9% van hen afwisseling als het belangrijkste ziet bij de keuze voor een studie of beroep. Naast overigens het salaris en de werksfeer: twee aspecten waar ik nog op terug kom.

Sommige mensen zoeken de afwisseling in hun werk voornamelijk in het aantal banen dat ze in hun leven doen. Als ze ergens op zijn uitgekeken, verkassen ze binnen een mum van tijd weer. Hiermee doel ik niet meteen op job hopping, want het motief hiervan is vaak een beter salaris of betere doorgroeimogelijkheden. Bij een aantal mensen met wie ik ben meegelopen begon hun loopbaan nogal onstuimig, bijvoorbeeld bij editor Arnaud Heymel.

Blokkenstapelaar Arnaud

'Ali B op volle toeren', 'Sterren voor de klas', 'Bij ons in de BV': dit zijn slechts enkele van de vele programma's waarvoor hij de montage deed. De 42-jarige Arnaud Heymel is editor, of zoals hij zelf gekscherend zegt: knoppentrol of blokkenstapelaar. Zijn ogen bewegen van het scherm naar de monitor en langzaam gaat zijn penmuis in zijn rechterhand omhoog. Met een vliegensvlugge beweging dirigeert hij zijn stok omhoog en met een korte zwiep geeft hij zijn linkerhand het signaal om de opname van dat moment te markeren. We zitten achter een tafel met twee grote schermen, een audiomixer, een monitor en wat boxen: het werkdomein van Arnaud. Ik ben vandaag in de pilotstudio, waar we de beelden die ik van vorige droombanen heb gemaakt aan het monteren zijn. We bespreken wat er in de 'mood film' moet komen, en gaan aan de slag.

Arnaud: 'Het verschilt nogal per project hoe ik te werk ga. Soms zit ik twee weken met een regisseur naast me die zijn visie tot op elk frame uitgewerkt wil zien. Dit zijn vaak 'electronic news gathering'-projecten met heel veel beeldmateriaal. Maar voor korte filmpjes komt het beeld soms op het laatste moment binnen, en moet je het binnen een kwartier ge-edit hebben.' Communicatie is dan ook een van de belangrijkste onderdelen van zijn werk, naast de benodigde creativiteit en technische kennis. Deze combinatie is juist wat Arnaud zo aanspreekt in zijn beroep.

Het heeft overigens best wel wat jaren geduurd voordat hij zijn droombaan gevonden had. Voorheen beschouwde hij zijn werk als een noodzakelijke bezigheid, waarbij knaken verdiend moesten worden. Hij had dan ook uiteenlopende baantjes als loodgieter, verkoper in een muziekwinkel en 'marshall' bij het bedrijf Laserquest. Telkens als hij ergens was uitgekeken ging hij op zoek naar een nieuwe baan. Maar toen er een Apple-computer in zijn leven kwam, ging er een nieuwe wereld voor hem open. De mogelijkheden die deze computer hem bood gingen een steeds belangrijkere rol in zijn werkende leven spelen. Via een fotostudio ging hij veel met digitale beeldverwerking doen. Zijn grote geluk was dat hij jaren later, nadat hij interesse in bewegend beeld had gekregen, bij een regionale omroep onder de vleugels van de perfectionistische Cees Groenewoldt terechtkwam. Hij sleep de ruwe diamant Arnaud tot een prachtig sieraad. 'Na drie tropenjaren kwam ik op andere plekken terecht waarbij mensen me continu complimenteerden voor mijn mooie overgangen. Ik wist niet anders dan dat dit normaal was.'

Toch leert Arnaud er ook nog continu bij. 'De technologische ontwikkelingen gaan steeds verder en van een editor wordt tegenwoordig veel meer gevraagd. Er is niet altijd budget voor de nabewerking van kleuren bijvoorbeeld, dus dat moet je als editor ook steeds beter beheersen. Daarnaast zou ik me ook graag wat meer willen toeleggen op de vormgeving en wellicht ook meer met film willen gaan doen. Ja, die afwissling blijft wel belangrijk, hè!'

Arnaud werkte allerlei verschillende baantjes af in een paar jaar tijd. Omdat hij niet voldoende afwisseling in zijn banen vond en daarmee dus geen voldoening meer in zijn werk, veranderde hij steeds van werkplek. Totdat hij het vak van *editen* ontdekte. Arnaud doet zijn werk met passie en zijn werk past bij hem, want hij heeft de afwisseling gevonden die voor zijn droombaan belangrijk is.

Als afwisseling belangrijk voor je is kun je natuurlijk telkens van baan wisselen, maar nog beter en makkelijker is het als je een baan zoekt waar de afwisseling al genoeg in zit. Er zijn behoorlijk veel beroepen die dit in zich hebben, en evenzoveel mensen voor wie afwisseling in hun werk belangrijk is.

Dat geldt ook voor veiligheidscoördinator Theo de Winter, die bij Greenpeace werkt. Hij werkt met vrijwilligers voor wie hij de veiligheid moet waarborgen. Ook houdt hij zich bezig met de logistiek van acties, is hij betrokken bij het invulling geven aan de campagnes die Greenpeace voert, en is hij schipper van het Greenpeace-schip de Argus. Theo zegt hierover: 'Het is echt een zeer afwisselende baan in vaak extreme omstandigheden. Dit werk staat het dichtst bij me en daarom is het mijn droombaan.'

Voor Copywriter Jan Bennink is zijn baan een grote aaneenschakeling van afwisselende momenten: 'Dat heb ik nodig, want dat houdt mij scherp. Mijn vak bestaat eruit ijsberen en appels bij elkaar op te tellen. Uit de afwisseling komt veel creatiefs voort.' Zo is Jan behoorlijk actief op Twitter ('Voor mij geen *hiccup* want ik schrijf sneller dan ik praat'), werkt hij aan tientallen projecten tegelijk en heeft ook nog een eigen politieke partij opgericht. 'De mogelijkheid die ik krijg om met heel veel verschillende mensen om de tafel te zitten en om dingen te veranderen maken het tot mijn droombaan.'

En ook dierenarts Tjitte Reijntjes doet zijn droombaan met afwisseling als belangrijkste 'droombaandriver'.

Een beestenboel bij Tjitte

'Zullen we even intuberen?' Een klein slangetje met een ballonnetje wordt nu in de bek van kater Max ingebracht. Het wordt even opgeblazen, zodat het vocht dat vrijkomt bij de daaropvolgende gebitsreiniging niet in de longen terecht kan komen. Met een klein tangetje wordt hierna het tandsteen verwijderd en met een trilapparaatje (de 'scaler') worden de tanden verder gereinigd. Ik ben vandaag aanwezig bij dierenarts Tjitte Reijntjes (30 jaar), die werkt bij de dierenartsenpraktijk in Bodegraven.

Max komt vandaag aan de beurt, maar zijn maatje Mara kan een grondige mondspoeling wel gebruiken, ook al heeft zij nog maar twee kiezen. Naast deze operaties, waarbij beide dieren onder narcose worden gebracht, staan er vandaag nog een paar afspraken op de planning. 'We hebben tweemaal daags telefonisch spreekuur en daarnaast de ingeplande afspraken waarbij mensen langskomen met hun dier. Dat kan voor van alles zijn: vaccinaties, gewonde dieren, beesten controleren, maar ook bijvoorbeeld voor euthanasie,' aldus Tjitte. In de dierenpraktijk vangt Tjitte met zijn twee andere collega's vooral gezelschapsdieren op. 'Honden en katten, maar ook konijnen en sporadisch reptielen en vogels. Er is daarnaast ook een paardenkliniek, maar dat is weer een heel andere specialisatie.' Het zag er even naar uit dat Tjitte zelf ook gespecialiseerd dierenarts zou worden. Na de studie diergeneeskunde liep hij twee jaar mee aan de universiteit om chirurg te worden, maar daar zag hij van af. 'Ik kwam erachter dat ik niet de hele dag in dieren wil snijden.'

Hij heeft nu de ideale balans gevonden in zijn werk. 'In eerste instantie vind ik het heel leuk om dieren beter te maken, maar ook het contact met de eigenaren van het beestje is geweldig. Dat afgewisseld met operaties maakt het tot mijn droombaan.' Voor het zover kwam, is daar wel wat vasthoudendheid voor nodig geweest. 'Er worden jaarlijks maar 225 mensen toegelaten tot de studie diergeneeskunde. Na mijn vwo werd ik uitgeloot en werkte ik een jaar onder andere bij de dierenambulance. Het jaar daarop werd ik weer uitgeloot en besloot ik in Antwerpen te beginnen.' Weer een jaar later was het raak en kon hij beginnen aan zijn zesjarige opleiding.

's Middags staat een aantal afspraken gepland. Boxer Djenna heeft bloed in haar urine en wordt volledig nagelopen. Haar hartje klopt goed en haar temperatuur is ook goed. Na wat andere routinecontroles krijgt de eigenaar antibioticum mee. Schapendoes Boris krijgt een vaccinatie tegen verschillende ziektes zoals de ziekte van Weil, de kennelhoest en de hondenziekte. En Engelse bulldog Joy loopt wat mank en blijkt een te dikke knie te hebben waarvoor hij pijnstillers krijgt. In alle rust spreekt Tjitte de beesten toe om ze op hun gemak te stellen en als beloning krijgen ze na afloop een koekje als dat van het baasje mag.

Het valt me op hoeveel rollen hij op een dag vervult. Van internist tot psycholoog en van tandarts tot huisarts. 'Ik noem mezelf ook wel gekscherend huisarts 2.0.' Dat hij ook nog voor nachtwaker door kan gaan blijkt uit het feit dat je Tjitte op dinsdag- en vrijdagnacht echt wakker kunt maken voor spoedgevallen. 'Ja, dat hoort er helaas ook bij, maar gelukkig komt dat niet altijd voor.' Hopelijk slaapt hij vanavond wel goed!

Hoofdstuk 13

Uitdagingen

Er zijn veel mensen die vooral uitdaging zoeken in hun droombaan. Mensen met deze drive zijn voortdurend op zoek naar spanning. Als de ene uitdaging achter de rug is, staat de andere alweer voor de deur. Iedereen zoekt een bepaalde uitdaging, maar voor de mensen die 'uitdaging' als anker in hun carrière hebben, is het het belangrijkste.

Op volle toeren met Bakkertje Deeg

Als ik aankom krijg ik een mandje in mijn hand gedrukt met de kleding die ik kan aantrekken. Behalve een wit hemd met de naam van de zaak, een witte broek en een schort zijn dat ook geitenwollensokken. Geitenwollensokken? Ja, een klein maar belangrijk detail in de wereld van Bakkertje Deeg in Heusden. Terwijl de vogels nog niet eens zijn begonnen met fluiten, heb ik me al gemeld bij bakker en brooddesigner Lucas Vermeulen (44 jaar).

Het belevingsconcept van deze bakker bestaat uit een winkel en een lunchroom, die zijn ingericht in de stijl van de jaren vijftig van de vorige eeuw. Tot in de kleinste details is dit concept verwerkt, zoals bijvoorbeeld in de verschillende soorten eetborden en de kinderstoelen die een nostalgisch gevoel oproepen. Als je in de winkel staat of in de lunchroom zit, zie je bakker Lucas aan het werk in de bakkerij. 'Alles gaat erom een authentieke ervaring te creëren voor klanten. Ik vind het daarbij heel belangrijk dat de klant de bakker ook bezig ziet.' Veelzeggend is zijn opmerking dat je bij de meeste bakkers 'de kop in de oven ziet en de kont naar de klant'.

De gedreven Lucas, die de vierde generatie van broodbakkers in zijn familie vertegenwoordigt, vertelt dat hij als zesjarig jochie al wist dat hij bakker wilde worden. Na zijn bakkersopleiding werkte hij voor zeven verschillende bazen, die er totaal andere ideeën op nahielden dan hijzelf. Even twijfelde hij of hij er wel goed aan had gedaan om bakker te worden. Maar toen hij de kans kreeg om op z'n tweeëntwintigste een zaak over te nemen, greep hij die samen met zijn vrouw met beide handen aan.

Vandaag maken we onder andere speltbroden met zonnebloempitten: 'Een product dat we al jaren maken maar pas de laatste jaren een beetje hip wordt.' Het proces begint met het mengen in de deegkuip van bloem, zout, zonnebloempitten en spelt (wat overigens een oergraan is). Hierna wordt het deeg gekneed tot een punt- of bolvorm, en kan het gaan rijzen.

Ondertussen gaan de stokbroden de oven in. Bovenaan zit een kokertje om een gat in het stokbrood te maken. Lucas: 'Ik vind productdominantie heel belangrijk. Klanten moeten zien wat ze kopen. Vaak zit een stokbrood in een mand en zie je alleen het bovenste stuk. Wij hebben een gat in de stokbroden gemaakt zodat we ze aan stokken, die uit de muur steken, kunnen hangen.' En ik moet zeggen dat ze dan ook als hete broodjes over de toonbank gaan. Alhoewel, toonbank? Een toonbank is niet te bekennen in de zaak, want dat zou ten nadele zijn van de productdominantie waar Lucas het over had. Daarom kunnen klanten zelf hun brood pakken. En dit is slechts een van de vele innovaties die Lucas heeft bedacht. Hij werkte de eerste jaren alleen in de bakkerij, maar toen begon hij langzaamaan ook andere klanten te bedienen met zijn nieuwe producten. Zo heeft hij jarenlang de powermueslibol verkocht aan sportbarren (met 20% eiwitten een geliefde versnapering voor krachtsporters). Ook bedacht hij een voorgebakken kerststol, die in het kerstpakket kan omdat hij alleen nog maar afgebakken hoeft te worden. En dan ook meteen in diverse varianten: van champagne-kersen tot aan schwarzwalder kirsch.

Lucas heeft zich in de loop der jaren dan ook ontwikkeld tot 'brooddesigner': 'Ik ontwikkel per jaar zo'n honderd producten waarvan er zo'n twintig succesvol zijn. Het moet niet alleen aanslaan bij de klant, maar ook rendabel zijn. Ik lever

aan bijvoorbeeld cateraars en hotelketens, waarbij we samen nadenken over een gewenst product dat ik vervolgens ontwikkel.' Klinkende namen als Kamelka (gemaakt van kamelenmelk voor mensen met een koemelkallergie), Pain de campagne en Bella Luna Siena prijken op de eindeloze lijst van producten.
En zijn passie gaat verder dan zijn eigen zaak. Lucas is lid van de Bakery Society, dat als doel heeft om de bakkerij weer leidend te maken in de productieketen. '80% van de bakkers gebruikt geprefabriceerd deeg van de fabriek. Bakkers moeten veel meer met de klant bezig zijn, dus met de kop uit de oven, en weer zelf gaan ontwikkelen.' Lucas geeft dan ook talloze spreekbeurten en workshops om zijn vak te promoten. En door het wat suffe imago is dat volgens Lucas broodnodig!

Bakker Lucas Vermeulen heeft uitdagingen nodig in zijn werk. Zijn hoofd stroomt over van de ideeën, en het enthousiasme over zijn producten en plannen zijn tot in zijn diepste vezels voelbaar. Hij kan letterlijk niet stilstaan, en hij vindt het ook niet erg dat van de honderd producten die hij jaarlijks bedenkt misschien maar 20% succesvol is. Lucas heeft veel ideeën nodig en het is zijn uitdaging om tot een uniek en waardevol product te komen: anders zou hij zich gaan vervelen.

Uit een carrièreonderzoek aan de Nyenrode Universiteit (2010) blijkt dat uitdaging als een van de belangrijkste drijfveren wordt genoemd door mensen die een baan zoeken. Locatiescout Roy van Rosmalen leeft ook van de uitdagingen in zijn droombaan: 'Ik kijk ernaar uit als er mooie doelen aankomen.' In zijn werk is hij verantwoordelijk voor de opnamelocatie van commercials: vanaf het spotten van de locatie tot het krijgen van toestemming van de eigenaar en het regelen van de nodige vergunningen. Roy zegt hierover: 'Hoe groter de uitdaging, hoe meer ik mijn tanden erin zet en hoe meer ik erop gebrand ben om het voor elkaar te krijgen.' Gelukkig heeft Roy een droombaan waarin hij deze drijfveer volledig tot zijn recht kan laten komen.

Ook voor Berthie Schaad, verpleegkundige op de afdeling Spoedeisende Hulp, zijn de uitdagingen in haar werk haar levenselixer. Zelf zegt ze over haar drang om zich te blijven ontwikkelen en op zoek te gaan naar uitdagingen: 'Ik wil mijn grijze hersenen nooit rust gunnen.'

Berthie de verpleeg-ster

'Kun jij nog even een ECG maken op kamer 23, dan doe ik nog een lab bij deze mevrouw.' En: 'Er is net een triage 2 binnengekomen, waar nu een neuro bij moet komen.' Het is een komen en gaan bij het centrale punt voor verpleegkundigen op de afdeling Spoedeisende Hulp (SEH) in het VU Medisch Centrum. Ik loop vandaag mee met Berthie Schaad (60 jaar). De kwieke Schaad werkt al ruim tien jaar op deze afdeling in het VU-ziekenhuis en doet haar werk nog altijd met heel veel plezier. 'Ik geniet van de afwisseling, maar vooral de constante uitdaging in mijn werk. Ik wil voorkomen dat mijn grijze hersencellen inactief worden en met dit werk blijf je constant scherp.' Ze laat me aan het begin van de dag de binnenring (waar alle ernstige gevallen worden opgenomen) en de buitenring (waar patiënten met minder levensbedreigende situaties worden geplaatst) zien, en legt uit hoe het eraan toegaat bij de SEH. 'Van alles komt hier binnen via de meldkamer, huisarts of direct, en het is zaak zo snel mogelijk in te schatten wat voor behandeling mensen moeten krijgen. Wij verlenen de eerste zorg en doen de bewaking van de patiënt, totdat de diagnose is gesteld door de behandeld arts.'

Bij een ernstig ongeluk worden mensen naar de shockroom gebracht, waar ze zo snel mogelijk in een stabiele toestand worden gebracht door een team van verpleegkundigen, een neuroloog, een radioloog, een anesthesist en een traumatoloog. Bij alle patiënten wordt de ABCDE-methode toegepast, wat staat voor het checken van de 'Airway', 'Breathing', 'Circulation', 'Disability' en 'Exposure'.

Dagelijks komen zo'n honderd patiënten bij de SEH terecht. Vandaag begint echter vrij rustig. Een oude mevrouw met een vermeende heupfractuur die op een ondersteek moet worden gezet, wordt opgevolgd door een patiënte die is gevallen en uiteindelijk met een korset het ziekenhuis zal verlaten. Maar rond een uur of een komt via de meldkamer een melding binnen van een reanimatie. Als deze patiënt tien minuten later binnenkomt staat het traumateam al klaar voor verdere reanimatie. Het mag helaas niet baten: het lukt niet om het vier maanden jonge baby'tje haar levensadem terug te laten krijgen. Een schok gaat ook door het team van verpleegkundigen heen. 'Traumatische gevallen met kinderen zijn zo heftig en de impact is ook zo groot,' aldus Berthie. Later wordt hier nog uitgebreid door het team over geëvalueerd. Ook ik ben van de kaart, terwijl ik meteen moet denken aan mijn eigen dochtertje. Wat is het leven dan betrekkelijk...

Berthie is zelf al vierenveertig jaar verpleegkundige en heeft voordat ze bij de Spoedeisende Hulp in het vu-ziekenhuis terechtkwam bij verschillende afdelingen en verschillende ziekenhuizen gewerkt. Ze heeft in al die jaren heel wat meegemaakt, waaronder diverse afrekeningen in het criminele circuit.

In de loop der tijd is de heersende mentaliteit sterk veranderd. Berthie: 'Mensen zijn veel mondiger geworden, en hebben nog maar weinig geduld.' Dat merk ik vandaag ook. Om de haverklap komen mensen vragen hoe lang het nog duurt voordat er iemand komt. Omdat uitslagen soms lang op zich laten wachten, is dit bijna niet te voorspellen door een verpleegkundige.

Berthie blijft echter rustig onder alle hectiek en de druk van (vooral familie van) patiënten. Als een Amerikaanse wordt overgebracht naar de afdeling Neurologie voor een mri-scan wordt ze bedankt voor de goede zorgen, en zelf spreekt ze een wat oudere vrouw bemoedigende woorden toe als deze uit de seh naar huis mag. Als ik even later zelf naar huis fiets, probeer ik de (soms heftige) ervaringen van vandaag te verwerken. En mocht ik daar niet uitkomen, dan is er altijd nog Berthie. Want ze zei: 'Je mag me altijd bellen: dag of nacht.'

Hoofdstuk 14

Zinvol werk

Hoe belangrijk vind jij het om in je werk een bijdrage te leveren aan het grotere geheel? Wil je rechtstreeks via je werk klanten blij maken, of wil je in het algemeen bijdragen aan een betere wereld? Oftewel: hoe belangrijk is zingeving voor jou in je werk?

Zingeving: dienstverlening

Marcel en Moes

'Help, hij stijgt op! Ga je op de knop drukken? Neeee toch? O help, hij komt op me af!' De lancering van spaceshuttle de Challenger is er niets bij. Met een grote glimlach op zijn gezicht drukt het jochie op de knop en deinst clown Moes achteruit. Welkom in de wereld van CliniClown Marcel Weijers.

Een uur eerder zat ik op een kamertje waar een pedagogisch medewerker van Ziekenhuis Dordwijk de overdracht doet met Marcel en collega Laurence. Ze vertelt welke kinderen vandaag aanwezig zijn, en wat hun ziektebeeld is. Zo ligt er onder andere een puber die een knieoperatie achter de rug heeft, en een babytje met een hartafwijking. Marcel laat het op zich inwerken en kan zich klaarmaken voor de voorstelling.

De veertigjarige Marcel koos op z'n zeventiende voor de Pabo en werkte vervolgens negen jaar als onderwijzer op een basisschool. Daarna maakte hij de overstap naar een tyltylschool, waar hij werkte met verstandelijk en lichamelijk gehandi-capte jongeren. In die tijd ontstond ook zijn liefde voor theater en schoolde hij zich in de avonduren en in de weekenden bij. Marcel: 'Ik had in die tijd al geïnformeerd wat je moest kunnen om CliniClown te worden en heb daarop ingespeeld door toneelcur-sussen, een cursus Clownerie en een driejarige acteeropleiding te doen.'

Na de briefing kleden Marcel en Laurence zich om, en transformeren zij zich in vijf minuten tijd tot Moes en Holala. Een rode neus wordt opgezet, een ukelele omgedaan, en na een warming up-oefening staan er opeens twee CliniClowns in de gang van de kinderafdeling. Al drentelend doen zij de eerste kamers aan, waar ze inspelen op de situatie en al improviserend 'een beleving voor de kinderen wil-len vormgeven,' zoals Marcel het mooi omschrijft.

Voor Marcel is een droom uitgekomen toen hij dit werk kon gaan doen, om zo geld te verdienen met zijn passie. 'Na de acteeropleiding reageerde ik op een vacatu-re voor CliniClown en werd ik uitgenodigd om auditie te doen. In een rollenspel werd me gevraagd wat mijn naam was en binnen een seconde reageerde ik met Moes. En nu drie jaar later voel ik me nog steeds Moes. Moes is een avontuurlijke en muzikale clown die graag "ja" zegt.' Aangekomen bij een meisje blaast Moes een grote bel die ze in haar handen neemt. 'Dit is een "magic ball",' zegt het meis-je, 'en ik denk dat jij (ze wijst in mijn richting) later clown wordt.' Ik probeer me meteen in die rol te verplaatsen en vanaf dat moment spelen we een 'driejoo' als het meisje mij de rode neus heeft opgezet.

'Het mooiste is het als er een klik ontstaat met het kind. Dat je ze echt even raakt. Maar het is ook belangrijk om de ouders erin te betrekken, en het personeel. We spe-len in op de emoties van het kind, en onze rol als CliniClown is om de gezonde kant van het kind op te zoeken. Soms spelen we twee minuten en soms een halfuur. Dat hangt per keer van de stemming van het kind en van de situatie af,' aldus Marcel.

Als ik mijn rode neus weer heb afgezet, maak ik nog een wonderlijk moment mee bij een baby'tje. Het meisje ligt vanwege een hartafwijking al bijna haar hele jon-ge leventje in het ziekenhuis. Al zingend en spelend op de ukelele komen Moes en Holala binnen, en de baby neemt ze volledig geconcentreerd in ogenschouw. Met ingetogen spel toveren ze een prachtige glimlach op de snoet van de baby. Het is fantastisch, dat zieke kinderen zo heel even vergeten dat ze ziek zijn en even weer gewoon kind kunnen zijn.

Ik heb met meer mensen zoals Marcel meegelopen dit jaar; mensen die dienstverlening naar andere mensen een centrale plek hebben gegeven in hun droombaan. Marcel heeft jarenlang gewerkt in de zorg voor verstandelijk gehandicapten, en nu heeft hij de overstap gemaakt naar het toveren van een glimlach op het gezicht van zieke kinderen. Deze drive om anderen te helpen zie je meer bij mensen in de zorg – daar staat immers de patient centraal. Maar ook in het onderwijs, waar docenten jongeren willen helpen, om met een goed gevulde rugzak de maatschappij te betreden. Zo geeft remedial teacher Sylvie Willekes aan: 'Ik vind het belangrijk in mijn werk om kinderen blijer te maken.'

Niet alle mensen in de zorg of het onderwijs zien dienstverlening naar de patiënt of leerling overigens als het belangrijkste motief in hun droombaan. We hebben al gezien dat bijvoorbeeld verpleegkundige Berthie Schaad uitdagingen in haar werk het belangrijkst vindt. Docent Nederlands Wilfried Mans vindt ook de uitdagingen het belangrijkst. Terwijl ik ook buiten de zorg of het onderwijs mensen heb ontmoet, die dienstverlening als belangrijkste drijfveer hebben. Kastelein Oscar Oosterling bijvoorbeeld, haalt zijn voldoening uit het contact met de klanten. Als mensen het naar hun zin hebben is zijn dag geslaagd. Het hele café is erop ingericht om het contact tussen klanten te bevorderen. 'De ziel van café Oosterling zit erin dat we een huiskamergevoel willen uitstralen. We hebben er bewust voor gekozen geen muziek aan te hebben. Daardoor krijg je echt een soort praathuis waar mensen samenkomen.' En reisadviseur Lia Pordon vindt advies geven aan mensen het leukste aan haar werk. Het is daarbij elke keer weer een uitdaging om de perfecte reis voor iemand te boeken, omdat iedereen anders is en andere wensen heeft. Maar als dat lukt geeft dat haar een enorme kick!

Je kunt niet alleen een bijdrage leveren door klanten blij te maken in je droombaan, maar ook door de wereld te verbeteren.

Zingeving: bijdrage aan betere wereld

Werken voor een goed doel of voor een duurzaam bedrijf is populairder dan ooit. Steeds meer mensen willen hun steentje bijdragen aan een betere wereld. Na een aantal banen bekruipt hun het gevoel: is dit nou alles? Dat gold ook voor Albert Rusch, die jaarlijks de Beursvloer organiseert in Tilburg. Een beurs waar het bedrijfsleven en goede doelen bij elkaar komen om overeenkomsten te sluiten. Albert werkte jarenlang in de reisbranche, maar raakte op een gegeven moment opgebrand. Het bedrijf waarvoor hij werkte ging failliet, maar hij mocht over het vervolg geen volledige openheid naar het personeel geven. Toen knapte er iets bij hem. Hij zet zich nu in voor een betere wereld en voelt zich stukken beter in zijn werk dan hiervoor.

Maar er is niet altijd een burnout voor nodig om tot dit inzicht te komen. Artistiek leider Theo Linde werkte jarenlang in de gezondheidszorg en kwam na verloop van tijd in aanraking met tekenactiviteiten voor de mensen waarvoor hij werkte. Hij raakte enthousiast en ging zich er meer in verdiepen. Nu draagt hij met zijn werk bij aan een betere wereld voor mensen met een verstandelijke beperking. Zij krijgen de kans om kunst te maken en die te exposeren.

En fietsenmaker en sociaal entrepeneur Joep van Ginderen begon zijn eigen bedrijf. Hiermee draagt hij zowel bij aan een beter milieu als aan mensen in Ghana, die door hem de kans krijgen op een inkomstenbron.

Eerlijke fietsenmaker Joep

'Ik was 21, en ik verkocht telefoonkaarten op straat omdat ik geen ander werk kon krijgen. Op een dag kreeg ik de kans om in een project mee te doen waarin bamboeframes voor fietsen werden gemaakt. Inmiddels werk ik hier nu drie jaar en kan ik in mijn levensonderhoud voorzien en een opleiding volgen tot werktuigbouwkundige.' Ik kijk naar een filmpje van de Ghanees Benjamin Opoku. De maker van het filmpje, Joep van Ginderen (41 jaar) van Eerlijke Kansen, zit naast me. Hij importeert sinds ruim een jaar deze frames, om de bamboefietsen in Nederland aan de man te brengen.

Op zijn visitekaartje staat: KANSENMAKELAAR, maar daar zou net zo goed IMPORTEUR, SOCIAAL ENTREPRENEUR of EERLIJKE FIETSENMAKER op kunnen staan. 'Door een bamboefiets te kopen krijgt iemand in een ontwikkelingsland de kans om een inkomen te verdienen. Enerzijds door zijn arbeid en anderzijds doordat per verkochte fiets een bedrag terugvloeit naar de maker om bijvoorbeeld een opleiding voor z'n kinderen of gereedschap te kunnen bekostigen.' Vanmiddag staat hij in zijn vieze kloffie in zijn werkplaats een door een klant bestelde mountainbike te monteren, terwijl hij een paar jaar geleden nog met pak en stropdas door het leven ging. Wat is er gebeurd? 'Ik werkte jarenlang bij VKA, een bedrijf dat oplossingen biedt voor ICT-problemen, en werd steeds meer senior. Op een gegeven moment was ik alleen nog maar bezig met het aansturen van processen en mensen en twijfelde ik steeds meer aan de relevantie van mijn werk. Voor mij was het duidelijk dat er wat moest veranderen.'

Hij raakte geïnspireerd door het fairtrade businessmodel van Fairmail en werkte daar in zijn vrije tijd al een jaar als agent. Toen kwam hij een artikel tegen over de bamboefiets, die destijds alleen in Zambia werd gemaakt. Hij legde contact met de designer ervan, een Amerikaan die fietsen heeft ontworpen voor Tour de France-winnaar Greg Lemond en ook de carbonfiets had ontwikkeld. Na een bezoek aan Ghana, waar een nieuwe groep mensen zou worden getraind om de bamboeframes te maken, kon hij exclusief importeur worden van de frames in Nederland. Na een opstartperiode zegde hij zijn baan in de ICT vaarwel. Met de nieuw ingeslagen weg kwam een oude passie terug: sleutelen aan fietsen. 'Als kind wilde ik altijd iets doen en was ik bezig met fietsen en bromfietsen.' Vanwege die interesse studeerde hij werktuigbouwkunde en nog een kopjaar commerciële technische bedrijfskunde. Nog voordat hij een jaar ging reizen was hij in beeld bij KPN, waar hij na zijn reis aan een internationale carrière begon en vijf jaar werkte alvorens de overstap te maken naar VKA.

De bamboefietsen worden rechtstreeks verkocht en via dealers. 'Het eerste jaar stond voornamelijk in het teken van het zoeken naar 'free publicity', en nu hoop ik dat de verkoop nog meer op gang komt. 'Voor mij is dit mijn droombaan omdat ik kan werken met hart, hoofd en handen. Daarmee ben ik helemaal in balans. Een flink salaris en een dure auto zijn helemaal niet belangrijk. Hoe kunnen we de welvaart in de wereld eerlijker verdelen – dat houdt me veel meer bezig,' zegt hij, terwijl we een trapas en een derailleur bevestigen op de fiets. 'Ja, en dat ik aan het einde van de dag een heel tastbaar product kan afleveren is wel heel gaaf!'

Hoofdstuk 15

Talent

Het is handig om te weten wat jou in beweging zet. Waar ga jij harder door lopen? Wat geeft jou energie in je werk? En waar kun je jou bij wijze van spreken 's nachts voor wakker maken? Drijfveren zeggen iets over je waarden en over je motivaties. Ze geven richting aan de keuzes die je kunt maken in je werk. Naast het herkennen van de drijfveren die we in de vorige hoofdstukken (10 t/m 14) hebben besproken, is het ook belangrijk te weten wat jouw unieke talenten zijn. Daarover gaat dit hoofdstuk.

Drijfveren geven dan wel richting aan je droombaan, maar laten niet zien waar jij dan specifiek goed in bent. Als je weet wat jouw talenten zijn, geeft dat het juiste beeld van wat voor soort werk bij je past en welke activiteiten jij het liefste doet. Nu wordt bij talenten heel vaak gedacht aan fysiek zichtbare talenten, zoals een muziekinstrument bespelen of goed kunnen voetballen. Omdat niet iedereen zulke zichtbare talenten heeft, denken veel mensen dat ze geen talenten hebben. Toch heeft iedereen unieke talenten. Denk maar eens aan goed kunnen luisteren, samenwerken, onderzoeken, organiseren, analyseren, vormgeven, gedetailleerd werken, enzovoort.

Gelukkig zijn er heel veel persoonlijkheidsmodellen die je kunnen helpen bij het achterhalen van je talenten. Zoals de volgende twee:

The Big Five

De naam van dit model slaat op vijf karaktertrekken: 'extraversie', 'inschikkelijkheid', 'zorgvuldigheid', 'emotionele stabiliteit' en 'openheid voor'. De eigenschappen 'zorgvuldigheid' en 'emotionele stabiliteit' zijn belangrijk voor hoe je functioneert in je werksituatie (ze kunnen het beste in hoge mate aanwezig zijn).

Het DISC-model

Via dit model van Dr William Marston ontdek je je persoonlijke profiel. De vier DISC-gedragsstijlen 'dominant', 'invloed', 'stabiel' en 'consciëntieus' voorspellen je houding tegenover anderen en je dagelijkse gedrag.

Op de website www.123test.nl kun je diverse gratis tests doen om inzicht te krijgen in jouw persoonlijkheid. Je kunt ook eens in je directe omgeving vragen wat jou talenten zijn. Je zult versteld staan waar mensen mee komen. Ik 'enthousiast en gedreven'? Of 'rustig en meelevend'? Dat is toch vanzelfsprekend? Voor jou misschien wel, maar niet voor iedereen. En dat is dus wat jou uniek maakt.

Mensen met hun droombaan hebben niet allemaal bewust stappen ondernomen om te achterhalen wat hun drijfveren of talenten zijn. Maar over het algemeen weten zij wel heel goed wat ze zelf in huis hebben. Bijna iedereen beaamt ook dat het inzetten van je talenten of 'doen waar je goed in bent' heel belangrijk is voor je droombaan (met een waardering van 8,6).

Medicijnenman Steven

Door iedereen wordt hij de hele dag even aangeklampt. Wat zal ik voorschrijven voor deze patiënt? Wat is de benodigde dosering? Uiterst kalm en vriendelijk staat hij vervolgens iedereen zachtjes te woord. Aan de balie maakt hij een praatje met een patiënt die positief is over de crème die hij had aanbevolen. Ik loop vandaag mee bij apotheker Steven Verhagen-Smits.

De 33-jarige Steven werkt in een gezondheidscentrum in Den Haag, waar hij behalve apotheker van de vestiging ook manager is van de overige elf apotheken van de organisatie SAL, waar hij nu voor werkt. Hij heeft drie jaar geleden bewust gekozen voor de stichtingsvorm van deze organisatie, waar zorgverlening aan de patiënt centraal staat. 'Dat vind ik ook het mooie aan mijn vak, dat ik iets toevoeg aan de zorgverlening.' In zijn praktijk bedient hij zo'n 1400 actieve klanten per jaar en schrijft hij 250 recepten per dag voor. Tijdens zijn middelbare schooltijd raadde zijn scheikundeleraar hem al aan om voor de studie farmacie te kiezen. Daarin komt zijn brede interesse en zijn liefde voor exacte vakken goed terug. Steven volgde het advies op en studeerde zes jaar later af. Hij mocht zichzelf nu apotheker noemen. Al een halfjaar eerder werd hem een baan aangeboden in Noordwijk. Hier specialiseerde hij zich verder voor geregistreerd openbaar apotheker.

Ik help vandaag mee met het 'pakken en plakken'. De binnengekomen recepten worden ingevoerd in het systeem, waarna de bijbehorende etiketten worden uitgeprint. Aan de hand hiervan worden de bijbehorende medicijnen uit de apotheekkast of koelkast opgezocht en van etiketten voorzien. In het hele proces zijn checks ingebouwd, zodat de patiënt de juiste medicijnen meekrijgt. Het wordt pas echt leuk bij de diverse signalen die uit de computer komen. Heel veel patiënten gebruiken wel meer dan vijf medicijnen en dan kan een voorgeschreven recept weleens conflicteren met de bestaande medicijnen. Aan Steven en zijn team is het de taak om daar een oplossing voor te zoeken. Maar los van de logistiek – die een heel belangrijk deel inneemt van de dagelijkse gang van zaken in een apotheek – kan Steven niet genoeg benadrukken wat er nog meer bij komt kijken. 'Ik vind de dienstverlening aan de klant heel belangrijk. Daarom hebben we bijvoorbeeld het Servicerecept ingevoerd. Door de samenwerking tussen de verschillende zorgloketten in het centrum (arts, fysiotherapeut en apotheker) kan een chronische patiënt tijdens één bezoek aan de arts ook zijn medicijnen voor een bepaalde periode ophalen. Doordat we op de hoogte zijn van het behandelplan van de patiënt, kunnen we deze ook van goed advies voorzien.'

Na zijn baan in Noordwijk ging Steven een nieuwe uitdaging aan bij een apotheker in Den Haag. Hierna volgde nog een andere werkgever, maar bij beide vond hij de nadruk op de logistiek te groot, waardoor de zorgverlening te weinig uit de verf kwam. Aan die behoefte kan bij de SAL wel worden voldaan. 'Ik kon kiezen uit meerdere banen, maar hier kan ik allerlei nieuwe concepten bedenken waarbij de klant centraal staat. Dat geeft me echt een kick, en mijn talenten om verbindingen te leggen en mijn gedrevenheid komen optimaal tot hun recht!'

Al met al...

Expertise, autonomie, afwisseling, uitdaging en zingeving zijn de drijfveren die het meest werden genoemd bij de mensen met een droombaan, met wie ik het afgelopen jaar ben meegelopen. In het werk zullen ongetwijfeld nog meer drijfveren te onderscheiden zijn. Psycholoog Edgar H. Schein spreekt van zelfs negen drijfveren. Hij noemt dit 'carrièreankers'. Schein onderscheidt: rijkdom, normen en waarden, creativiteit, onafhankelijkheid, zekerheid, macht, ergens goed in zijn, sociale contacten en status.

Macht, status en geld zijn drijfveren die ik dit jaar niet één keer ben tegengekomen als drijfveer van een droombaan. Ik heb hier expliciet naar gevraagd bij mensen. Ik heb ze gevraagd hoe belangrijk ze de status vinden, die ze ontlenen aan hun beroep. Of het belang van de hoogte van het salaris. Op deze carrièreankers werden gemiddeld gezien de allerlaagste scores toegekend.

Natuurlijk is een bepaald salarisniveau noodzakelijk, zodat in de dagelijkse behoeften kan worden voorzien. Hiermee raakt geld meteen aan de drijfveer 'zekerheid'. En nogmaals, poen is een belangrijk onderdeel van een droombaan: anders is het ook geen baan. Veel mensen met een droombaan hebben voor de factor 'zekerheid' echter andere mechanismes ingebouwd. Zo hebben sommigen een partner die meer verdient, waardoor ze hun droombaan kunnen uitoefenen. Anderen hebben hun leven zo ingericht dat zij helemaal niet afhankelijk zijn van een hoog salaris. En ook de mensen met een hoog salaris hebben andere, belangrijkere, drijfveren om hun droombaan te doen.

De drijfveer 'sociale contacten' is wel degelijk belangrijk voor de mensen met wie ik meeliep. Dit vertaalt zich onder meer in het hebben van fijne collega's, maar ook het blij maken van klanten. Wat dat betreft past deze drijfveer gedeeltelijk bij 'zinvol werk'. Vooral mensen in loondienst geven aan het belangrijk te vinden om fijne collega's te hebben. Mensen die als zelfstandige werken hebben geen collega's, en vinden dit logischerwijs minder belangrijk.

Als je weet waar je warm voor loopt is het ook handig te weten wat je talenten zijn. Wat maakt jou uniek? Als je dit weet kun je veel beter bepalen in wat voor werkomgeving jij het best tot je recht komt en in wat voor beroep of functie jij jouw kwaliteiten het beste kunt toepassen.

Droombaantips

Trendteller René Boender: '*Just fuckin' do it*. Als je het kunt dromen kun je het ook doen.'

Cabaretier Najib Amhali: 'Wees realistich in wat je kunt, en ga daarmee aan de slag. Als je slecht in wiskunde bent moet je geen piloot willen worden.'

Haar- en make-upartist Aeola Relouw: 'Alles is mogelijk als je het wilt, dingen komen je echter niet vanzelf aanwaaien.'

Locatiescout Roy van Rosmalen: 'Wees blij in het werk dat je doet. Stel jezelf doelen. Waar wil ik over vijf jaar staan? Blijf jezelf ontwikkelen en kijk hoe je onderscheidend kunt zijn ten opzichte van je concurrenten.'

Havenmeester Peter Blinkhof: 'Wees niet bang om fouten te maken en durf dus risico's te nemen. Het belangrijkste is dat je plezier hebt in je werk: dat staat boven alles.'

Veilingmeester Mark Grol: 'Doe iets wat bij je past en wat je leuk vindt: je bent je eigen beroepskeuzeadviseur. Focus op wat je wilt doen en wijk niet zomaar af van je gekozen pad.'

Aannemer Jeroen Groot: 'Liever met plezier naar je werk en minder verdienen, dan meer verdienen maar met minder plezier naar je werk.'

Regisseuse Astrid Wisman: 'Als je iets wilt moet je er alles aan doen om het voor elkaar te krijgen. Dat geldt ook voor je droombaan.'

Uitvaartbegeleider Merel Westermann: 'Als je doet wat je leuk vindt, hoef je nooit te werken.'

Intermezzo 3

Misschien vraag je je wel af hoe ik dit jaar rond kon komen. Het is vanaf het begin van het project mijn insteek geweest om sponsors te zoeken. Aan de ene kant door productsponsoring, zodat ik geen extra kosten hoefde te maken. Dat is aardig gelukt. Zo heeft vormgever Patricia Schaafsma het logo, de visitekaartjes en de website ontwikkeld, fotograaf Stef Nagel de foto's gemaakt die op de cover van dit boek staan, en drukkerij Full Colour de visitekaartjes verzorgd. Pieter Valk heeft mij geholpen met perslijsten en persberichten. The Widget Company ontwikkelde een applicatie voor Facebook, voor een actie die ik wilde doen voor mijn fans.

Voor de financiële sponsoring heb ik het eerste halfjaar tientallen lijntjes uitgezet bij uitzendbureaus, wervingbureaus, opleidingsinstituten en vacaturesites. De meeste partijen hadden echter geen budget voor dit soort leuke dingen of vonden het niet passen bij hun bedrijfsstrategie. Toch heb ik nog wel een sponsor weten te vinden: Wervings-en-selectiebureau ConnectingYou.

Door mijn uitgavenpatroon op een lager pitje te zetten en wat spaargeld aan te spreken is het me toch aardig gelukt het hoofd boven water te houden. Daarnaast kan ik door dit project nu ook lezingen gaan geven en leveren de royalties van dit boek hopelijk ook nog wat op. Ik had natuurlijk ook nog een soort van stagevergoeding kunnen vragen aan mensen met wie ik meeliep, in ruil voor de publiciteit en mijn hulp (in zoverre ik goed mee kon helpen natuurlijk). Wat ik echter veel belangrijker en ook sympathieker vond, is een bedrag te vragen voor talentontwikkeling voor jongeren in een ontwikkelingsland. Omdat ik zelf in 2005 in een vluchtelingen-kamp heb gewerkt in het noorden van Oeganda weet ik hoe be-langrijk het is dat jongeren daar de kans krijgen om hun talenten verder te ontwikkelen. Ik werkte soms met jongeren die achttien jaar waren en nog steeds in groep acht zaten. Ze hadden niet de mogelijkheid om verder te leren, terwijl de kinderen daar ontzet-tend leergierig zijn. Met het project Building Skills van War Child krijgen jongeren de mogelijkheid om een vakopleiding te doen. Ook worden ze getraind in allerlei handige ondernemersvaardig-heden, zodat ze hun eigen business kunnen opzetten.

Om deze redenen heb ik de mensen met een droombaan ge-vraagd om een bijdrage aan dit project. Uiteraard was ik blij met elke bedrag, want al voor 170 euro kan een jongere een heel oplei-dingstraject volgen. Uiteindelijk heeft dit als resultaat gehad dat ik aan het einde van mijn droombaanjaar een bedrag van 10.235 euro kon overhandigen aan War Child.

Maar ook in Nederland loopt veel jong talent rond. Een van de organisaties die dit talent een podium wil geven is de organisatie Skills. Zij organiseert elk jaar nationale en internationale vakwed-strijden voor talloze beroepen in het middelbare beroepsonder-wijs. Door de hulp van Skills kon ik afgelopen jaar ook meelopen met een aantal Nederlandse, Europese en Wereldkampioenen in hun vakgebied. Daarnaast heb ik met diverse belangenorganisaties in het beroepsonderwijs contact gehad, zoals met de mbo Raad en *De Beroepenkrant*, die me hielpen met de publiciteit en het bemid-delen met mensen met een droombaan.

Over publiciteit gesproken: gedurende het jaar kreeg ik op ver-schillende plekken de mogelijkheid om over het project te vertel-len. Soms in de lokale pers of in vakbladen, op andere momenten weer landelijk. Het was bijvoorbeeld leuk dat ik bij het radiopro-gramma *Hemelbestormers* op Radio 2 live in de uitzending luiste-raars te woord kon staan, die zelf belden om te vertellen dat zij ook hun droombaan doen. Of bij het tv-programma *Ochtendspits*, waar ik zelf tijdens de aftiteling via de autocue mocht afkondigen.

Naar aanleiding van de media-aandacht werd ik ook benaderd door een tv-producent. Op basis van door mij gemaakte camera-opnamen bij een aantal droombanen, wordt een *mood film* gemaakt die hij naar een paar omroepen mailt. Daar komt helaas niets uit, maar ik heb er wel een mooi impressiefilmpje aan overgehouden voor mijn site.

Ook werd ik benaderd door twee uitgevers. Beiden wilden graag een boek over het project uitgeven. Nu was ik dat al van plan, maar wat een luxe om zelf te mogen kiezen! Na een paar gesprekken ging ik in zee met het Spectrum. Die komt al heel snel met een contract en kan goede begeleiding bieden; het is een gerenommeerde uitgeverij. In november 2011 zette ik de eerste woorden op papier van het boek dat je nu aan het lezen bent.

Deel 4

De geheimen van mensen met een droombaan

We weten nu wat een droombaan is, dat iedereen zijn droombaan kan doen en dat het belangrijk is om te achterhalen wat jouw drijfveren en talenten zijn voor de bepaling van jouw droombaan. In dit deel wil ik inzicht geven in de geheimen van mensen met een droombaan. Hoe komt het dat treinmachinist Koos de Croos al dertig jaar lang zijn droombaan doet? Wat doet kaasaffineur Betty Koster om haar droombaan levendig te houden? En met wat voor instelling stapt trendteller Rene Boender dagelijks zijn bed uit?

Iedereen die een droombaan doet, heeft zo zijn eigen manieren om hier invulling aan te geven. De geheimen die ik hier vertel, zijn gebaseerd op mijn observaties bij meerdere mensen. Deze geheimen verschaffen deze mensen plezier in hun werk, wat voldoening geeft. In het kort zijn de vijf geheimen van mensen met een droombaan: betrokken zijn, waarde creëren, energierijk zijn, proactief zijn en een positieve mindset hebben.

Hoofdstuk 16

Betrokkenheid

Wat doe jij als de telefoon gaat na sluitingstijd van je kantoor, en je op het punt staat weg te gaan? Neem je hem op of laat je hem lekker gaan onder het mom van 'morgen weer een dag'? Of als er een klant om vijf over vijf op de stoep staat terwijl je de winkel net hebt gesloten? Help je deze klant nog of wijs je op je horloge en haal je je schouders op? Spring jij in de bres voor je collega's in moeilijke situaties of neem jij hen wel eens werk uit handen als je ziet dat ze overlopen? Betrokkenheid geeft aan dat je je verbonden voelt met de organisatie waar je voor werkt, en met het werk dat je doet. Voor veel mensen die een droombaan hebben is betrokkenheid hun tweede natuur. Deze betrokkenheid kan zich op verschillende manieren manifesteren.

High cheese bij Betty

'Dit is een gruyere Alpage. De geiten hebben boven de duizend meter hoogte gelopen en dat geeft een zeer bloemrijk dieet van aroma's. En dat proef je uiteraard in de kaas.' Aan het woord is kaasaffineur Betty Koster (50 jaar) van de bekendste fromagerie in Nederland: l'amuse. In haar winkel in Santpoort (in Amsterdam runt haar man de andere zaak) is het op deze ochtend een komen en gaan van klanten. En dat terwijl een soortgelijke winkel aan de overkant bijna geen klandizie heeft op deze druilerige dag. Waar ligt dat toch aan?

Het is de passie voor kaas die hier centraal staat en waar mensen van heinde en verre opaf komen. In de etalage en tegen de wand liggen meer dan 450 kaassoorten uitgestald. Van Nederlandse kazen als de Remekerkaas en prijswinnaar Lady's Blue, tot uiteraard allerlei Franse kazen. Maar ook Portugese, Engelse en zelfs Noorse kazen laten zich goed vertegenwoordigen. Mensen komen hier echter niet alleen op de kazen af, maar ook voor het verhaal erachter. 'Mensen komen hier voor de beleving en vinden het totaal niet erg om te wachten,' vertelt Betty, die zo ongeveer in een kaasstolp is geboren. Ze hielp in haar jeugd haar oma al vaak, in de kaaszaak. 'Mijn vader, die niet uit de kazen kwam, maar in de zeevaart werkte, wilde graag dat ik zou doorleren en dat heb ik geprobeerd.' De eerste stagedag als verpleegkundige was het voor haar echter al duidelijk: dit is het niet. Ze ging zich alsnog meer verdiepen in kazen, leerde Frans en haalde haar middenstandsdiploma.

Bepaalde kazen koopt Betty zelf in bij lokale boeren of eventueel via een tussenpersoon, waarna ze in een van de drie koelcellen achter in haar zaak verder rijpen. Pas dan komt de kaas op de juiste smaak. Je zou een heel systeem verwachten van etiketten of labels met daarop aangegeven welke kaas wanneer de koelcel in gaat er en er weer uit moet, maar niets van dit alles. Betty weet alles uit haar hoofd. 'Ja, dat is een tic van me.'

Op haar 25e ging ze bij een groothandelaar van voedselwaren aan de slag, om voor hen de kaasafdeling op te zetten. Zelf zegt ze hierover: 'Ik had gesolliciteerd op zowat alle afdelingen, behalve bij het vlees. Ze waren nieuwsgierig waar deze veelzijdige interesse vandaan kwam, maar toen ze me spraken en ze me hoorden over kaas, waren ze het over een ding al heel snel eens. "Betty, jij gaat hier de kazen doen."' Ze werkte met veel topkoks, die toen nog zelf hun kazen haalden en kreeg via de inkopers de kans om in het kaaswalhalla Frankrijk een kijkje in de keuken te nemen. Ze mocht zelfs nog een keer een dessert leveren voor Koningin Juliana en haar buitenlandse gezelschap. Na drie jaar in de groothandel nam ze de sprong in het diepe, en begon haar eigen zaak. Naast de winkelafzet levert Betty aan gerenommeerde horecazaken en exporteert ze ook kazen naar bijvoorbeeld de Verenigde Staten. Op deze ochtend komen twee vertegenwoordigers van een kaasmerk langs. In vloeiend Frans vertelt Betty hun over Hollandse kaas, en dat gaat uiteraard samen met waar kazen voor bedoeld zijn: proeven.

Het enthousiasme van Betty werkt aanstekelijk. Klanten laten zich dan ook graag adviseren. Over haar droombaan zegt ze: 'Kijk, ik werk werkelijk waar met de allermooiste producten, ben betrokken vanaf de bron tot aan de eindafnemer en met klanten is het altijd een feestje. Daarbij vind ik het uiteraard heel erg leuk om mijn vak uit te dragen.' Ook als je niet van kazen zou houden ben je na een bezoek aan Betty en haar crew helemaal verkocht.

Kaasaffineur Betty Koster kent van alle kazen de achtergrondverhalen, bijvoorbeeld van de boeren die de kaas maken, en deelt die informatie graag met haar klanten. Mensen komen van overal om haar kazen te kopen en de verhalen te horen. Toen ik met haar meeliep, deelde een goede klant in een volle zaak mede dat zijn partner was overleden na een langdurig ziekbed. Spontaan sprongen de tranen in Betty's ogen. Haar betrokkenheid blijkt uit alles, en dat is wat mensen aanspreekt.

En er zijn nog meer Betty's op deze wereld. Bosbouwer Bram van den Nagel bijvoorbeeld, die in loondienst werkt, maar zich bijna dag en nacht inzet voor zijn werkgever. Als er ergens een chauffeur nodig is die niet kan worden ingepland, bedient hij zelf de machine. Hij zal er alles aan doen om de afspraken die hij met klanten heeft gemaakt na te komen, al moet hij daarvoor 's avonds laat nog op pad. Het succes van zijn baas is ook zijn succes.

En deurwaarder Gerard Zwerus moet voor zijn werk vaak zijn eigen gevoelens van medelijden opzij zetten, om zo zijn werk goed te kunnen uitvoeren. Toch is hij ontzettend betrokken bij zijn cliënten. Hij heeft meerdere malen mensen op straat moeten zetten. Hij zorgt er dan wel voor dat deze mensen worden ondergebracht bij het Leger des Heils, voor een maaltijd en een warm bed.

Ik ben ook meegelopen met Etienne van Basten, printoperator bij TNT. Een beroep waarvan je niet in in eerste instantie zult denken dat dit voor iemand een droombaan kan zijn. Dat is het voor Etienne echter wel. Hij doet er alles aan om de *order load* weg te werken. Naast zijn eigen werk springt hij ook in voor andere collega's, om zo gezamenlijk tot goede resultaten te komen. Zijn betrokkenheid wordt dan ook enorm door zijn leidinggevende en collega's gewaardeerd.

Etienne laat imprint achter

Je steekt de sleutel in het sleutelgat en opent de huisdeur. Op de deurmat ligt een hele stapel post. Kaartjes van vrienden, maar ook post van je verzekeraar, bank of werkgever. De kans is groot dat de inhoud van die envelop door de printstraat van TNT Post is geweest. Met één van de daar verantwoordelijke printoperators loop ik vandaag mee.

Etienne van Basten (32 jaar) gaat vol overgave de strijd aan, om de drieduizend orders die wekelijks verwerkt moeten worden op tijd de deur uit te krijgen. 'We hebben hier twintig man die de printers bedienen en we werken in drie verschillende shifts. Hier gaat alles vierentwintig uur per dag door.' Ik loop vandaag mee in de avondshift. De orders komen binnen op een computerscherm, en vanaf daar wordt een orderbon geprint waarmee Etienne en zijn collega's aan de slag gaan. Als de instellingen zijn bewerkt en het juiste papier in de lades van de printer is gestopt kunnen in sneltreinvaart zo'n 10.000 vellen per uur worden verwerkt. Etienne bedient vandaag vier printers, wat de druk van de werkzaamheden lekker hoog houdt. 'Ik hou juist van die druk, dan kom ik nog beter tot mijn recht.'

Hij begon zijn loopbaan op zijn zestiende in de metaalindustrie, maar het bedrijf waar hij werkte ging twee jaar later failliet. Via een uitzendbureau kwam hij bij TNT terecht, op de afdeling Couverteren. Na een jaar kreeg hij een vast contract aangeboden. Van het couverteren ging hij naar de afdeling Printen, en daar werkt hij nu zo'n elf jaar als printoperator.

En met veel plezier. 'Ik kan mijn energie heel goed kwijt in deze baan en daarnaast vind ik het fantastisch om met zoveel verschillende mensen te werken.' Regelmatig loopt hij bij collega's rond en af en toe geeft hij ook wat advies aan zijn leidinggevende. Hij doet er alles aan om de target van 99% afgewerkte offertes te halen.

De uitdaging van zijn werk zit hem er vooral in als de dingen niet gestroomlijnd

lopen. Ook vandaag staat er regelmatig een printer stil doordat er iets niet helemaal goed is gegaan. Zo zitten er op een order wat (voor mij haast onzichtbare)
spikkeltjes op het papier en klopt er bij een andere order iets niet met het soort
papier dat in de printer zit. Voor Van Basten is dat geen reden voor paniek, maar
een moment om snel een besluit te nemen. Voor het ene probleem wordt een
monteur gevraagd en het andere probleem pakt hij aan door er een incident van
te maken waar de accountmanager mee mag gaan stoeien.

Zijn collega's zijn behoorlijk blij met hem, want hij neemt altijd even de tijd om
ze verder te helpen. Ook voor een accountmanager doet hij graag even een
klusje tussendoor. Tegelijkertijd verwerkt hij dagelijks, afhankelijk van de order-
grootte, tussen de acht en vijftig orders. Als een van de weinigen kan hij ook
overweg met de Rolls Royce onder de printers (die soms wel tien meter lang is):
de iGen3 kleurenprinter. Vol trots toont hij de inhoud van dit kolossale apparaat.
Toch hapert ook hier wel eens wat. Maar Etienne geeft de moed niet op. Met een
paar drukken op de knop krijgt hij het apparaat weer aan de praat – op naar de
volgende order!

Hoofdstuk 17

Waarde creëren

Net een stapje verder gaan dan je concurrenten. Meer doen dan wat van je gevraagd wordt. Doe jij dat ook in je werk? Niet omdat het moet, maar omdat het goed voelt? Omdat je trots bent op het bedrijf waarvoor je werkt, op het product wat je verkoopt en op de collega's waar je mee samenwerkt? Veel mensen die hun droombaan doen, voegen waarde toe aan hun omgeving.

Arie heeft er oog voor

Overal om me heen word ik omringd door net geklede mensen met modieuze brillen. In een decor van prachtig vormgegeven wanden met rijen vol verschillende soorten monturen die me aanstaren, waan ik me in eerder in een hippe galerie dan bij een opticien.

De spil in dit geheel is de 43-jarige Arie van Vliet. Hij is opticien van beroep en samen met zijn vrouw eigenaar van Jochem Voor Ogen in Zwolle. Met het kleurgebruik en de vormgeving wil hij een prettige sfeer creëren voor zijn klanten en het personeel. Maar dat is niet het enige waarin hij onderscheidend is. 'In alles wat we hier doen, ga ik voor het leveren van toegevoegde waarde. Het gaat mij om het bieden van de beste kijkoplossing voor mensen, en daarbij wil ik de beleving compleet maken.' 's Middags blijkt dit ook bij een klant die kind aan huis is. Hij heeft een complex oogprobleem, waarbij zijn oogoppervlak niet gelijkmatig is. Door passen en meten is na twaalf sessies eindelijk een perfecte lens voor hem gevonden. Nu irriteert de lens en Arie constateert dat het ligt aan de reiniging van de lens, waar iets aan gedaan moet worden. Belangstellend vraagt Arie daarnaast naar de nieuwe baan van zijn vriendin en nog wat privédingen. Belangstelling voor anderen, dat is de drijvende kracht achter het werk van Arie. 'Ik krijg van verschillende aspecten van mijn werk een kick, maar zeker als ik een prettige relatie met een klant opbouw en klanten mee kan krijgen in een advies. Dat is genieten, en dat maakt dit tot mijn droombaan.' Het dienstverlenende karakter van Arie heeft hij waarschijnlijk ontwikkeld in zijn pubertijd. Hij wist dat hij de hogere hotelschool wilde doen en werkte daarom op jonge leeftijd al in de horeca. Toen al streefde hij, zoals hij zelf zegt, naar het geven van wat extra jeu bij zijn werkzaamheden. Bijvoorbeeld door het hoofdgerecht net even wat anders op te dienen. Toch werd het geen carrière in de horeca, omdat hij zijn propedeuse niet haalde. Via diverse uitzendbaantjes ging hij advertenties verkopen voor een krant. Hier leerde hij veel detaillisten kennen, en daardoor viel het verschil op tussen ondernemers met hart voor de zaak en de op eigen gewin beluste types. Bij een van de ondernemers ontmoette hij zijn vrouw, en haar ouders hadden een eigen optiek. Toen de kans zich voordeed om de zaak over te nemen, kon Arie al zijn ervaring omzetten in het runnen van een onderneming die op kwaliteit en goede service is gestoeld.

De kwaliteit die Arie wil leveren houdt onder andere in dat hij met 'state of the art'-materiaal werkt. Zo laat hij de nieuwste slijpmachine zien, en een apparaat waarbij berekend wordt hoe mensen nog beter door een brillenglas kunnen kijken. Ook het personeel wordt scherp gehouden door diverse trainingen. Een stylist geeft tips over de presentatie van het personeel en verzorgt trainingen over de vormen van het gezicht en welke bril daar het beste bij past.

Zoals het Arie betaamt heeft hij op elk vlak ambities, en kijkt hij altijd verder. Die ambities heeft hij voor zijn zaak ingezet om hét opticienbedrijf van Noordoost-Nederland te worden. Ik denk dat Arie en zijn mensen er hoge ogen mee gooien!

Hoe voeg je waarde toe aan je omgeving? Door je te verplaatsen in een ander. Dat is ook wat Arie doet. Een klant wil niet alleen goed kunnen zien, maar ook een prachtig ogend montuur of prettig zittende lens dragen. Maar waarde toevoegen doe je ook door verder te gaan dan de verwachtingen van de klant. Arie heeft daar alles voor over, en past en meet net zo lang totdat de klant tevreden is.

Ook interieurontwerper Martijn Dirks denkt na over het toevoegen van waarde voor zijn klanten. Hij laat zich daarbij vooral leiden door zijn intuïtie. 'Als er geen klik is met een klant, dan weiger ik een opdracht.' Ook stuurt hij klanten nog maar één voorstel toe in plaats van meerdere voorstellen, wat in zijn branche vaak gebruikelijk is. 'Daarmee help ik de klant in zijn keuze en als het niet goed is, kan ik altijd nog terug naar de tekentafel.'

Waar zouden we zijn...

'Kilometers spoor schieten onder me door, ik ben op weg naar jou, want ik ben weg van jou...' Dit nummer van Guus Meeuwis schiet me te binnen als ik onderweg ben van Hoorn naar Alkmaar. En niet als passagier, maar in de cabine bij Koos de Croos, treinmachinist van beroep.

Al 37 jaar werkt Koos (57 jaar) bij de Nederlandse Spoorwegen. In sneltreinvaart krijg ik uitgelegd wat het werk van een machinist inhoudt. De vele seinen en hun betekenis langs het spoor, en alle afkortingen die gangbaar zijn (van HC, RET, VIRM, DAR, ICM, SLT tot MSO, POC, tot CLA aan toe) vliegen me aan het begin van de ochtend om de oren. Het werk vereist een hoge mate van concentratie, maar gelukkig kan Koos, waarschijnlijk door zijn jarenlange ervaring, moeiteloos multi-tasken. 'Het is belangrijk voor een machinist om goede ogen en oren te hebben. Veiligheid is de eerste prioriteit en daarnaast ervoor zorgen dat de reiziger een comfortabele reis heeft. Dan gaat het onder andere om zo min mogelijk te schokken bij het stoppen of als je over een wissel heen rijdt. Maar ook om goede informatievoorziening, op tijd rijden en het bieden van service.'

Van dit laatste heeft Koos ook echt een sport gemaakt, waarbij hij zijn oren goed te luisteren heeft gelegd in andere sectoren. Als we wegrijden bij een station heet hij de passagiers welkom aan boord ('afgekeken van de luchtvaart') en informeert hij mensen aan welke kant ze moeten uitstappen als op een ander perron wordt gestopt dan gebruikelijk ('dat doen ze in Berlijn ook bij de metro'). Ook geeft hij precies de aankomsttijd aan bij een station. Koos gaat echter nog een stap verder voor de reiziger. Meer dan honderd reizigers hebben zijn mobiele telefoonnummer zodat ze hem vragen kunnen stellen. 'Mijn mening is dat ik er ben om mensen te vervoeren en niet alleen om een trein te besturen.' Als allereerste machinist van Nederland verlaagde hij de drempel voor reizigers om de machinist aan te spreken door het dragen van een naamplaatje ('net als caissières in een supermarkt').

Het is dan ook niet verwonderlijk dat Koos lekker in zijn vel zit als machinist. 'Ik vind het heerlijk om met mensen om te gaan en ook hebben de afwisseling in mijn baan en de steeds wisselende landschappen mij altijd een goed vooruitzicht geboden.' Met mopperen heeft hij niets. 'Als je eenderde van je leven werkt en een deel daarvan mopper je op je werk, dan is de kans groot dat dit ook een negatieve invloed heeft op je situatie thuis. Het leven is wat dat betreft net een spiegel: je ziet terug wat je erin stopt.'

Ik kom vandaag tijdens de ritten ook allerlei interessante dingen aan de weet. Zo heeft een trein bij een snelheid van 140 kilometer per uur een remweg van ongeveer 800 meter. Voor Koos is het een voortdurende uitdaging om zo energiezuinig te rijden, en zo heeft hij het eens gepresteerd om de trein 23 kilometer te laten rijden zonder dat er tractie (soort van gas geven) plaatsvond. Ook een leuk feitje is dat de temperatuur in oude treinstellen in de cabine nog wel eens opliep tot 70 graden Celsius.

Zoals zoveel andere treinmachinisten (er zijn er zo'n tweeduizend in Nederland) heeft Koos het helaas ook meegemaakt dat er iemand onder zijn trein terecht is gekomen. Gelukkig is er dan goede professionele opvang, maar de gebeurtenis heeft wel een zeer diepe indruk gemaakt. Na zo'n situatie krijgt zijn motto 'geniet van het leven, het duurt maar even' nog een sterkere lading.

Zelf mag ik vandaag ook mijn omroepkwaliteiten testen. Of het aan mijn aanwezigheid ligt weet ik niet, maar Koos stapt twee keer in een verkeerde trein om erachter te komen dat hij een latere dienst heeft. 'Dat overkomt me normaal nooit. Gelukkig waren we wel weer ruim op tijd voor de eigenlijke trip.' Kedeng, kedeng, kedeng, kedeng... oe hoe.

Treinmachinist Koos de Croos is in zijn werkzaamheden gespitst op het creëren van waarde voor zijn passagiers. Het zijn dus niet alleen ondernemers of zelfstandigen die waarde creëren door hun werk-zaamheden. Verhuizer Francesco Smits bijvoorbeeld, geeft het een kick om nieuwe opdrachten bij klanten te werven. 'Veel verhuizin-gen worden aangeboden op websites waar de laagste bieder de klus krijgt. Ik ga vaak zelf langs de mensen, zodat ik ze een toelichting kan geven op wat wij voor hen kunnen betekenen. Het voordeel daarvan is dat ik ook meteen zie welke waardevolle spullen er zijn die we met extra zorg moeten behandelen.'

Hoofdstuk 18

Energierijk

Koken met Passie

'Hé Joost, we zijn bijna klaar en gaan de mensen even lekker blij maken. Heb je er zin in?' En of ik er zin in heb! Het enthousiasme spat werkelijk in de rondte als je in de omgeving van chefkok Yuri Verbeek (43 jaar) van De Kokkerie in Delft verblijft. Vandaag loop ik met hem mee op een geheime locatie, waar hij voor een select gezelschap van relaties en bekenden een heerlijke lunch serveert. Vlak voordat de eerste gasten arriveren schudt hij me de hand en wenst me welgemeend een prettige wedstrijd toe. Met een grote glimlach op zijn gezicht: 'Zo doen we dat hier.'

Yuri is wars van de strikte hiërarchie die in veel keukens heerst en heeft in de loop der jaren zo zijn eigen aanpak ontwikkeld. 'Met fijne collega's werken is zo belangrijk. We zijn toch een soort van familie, want je ziet je collega's vaker dan je partner. Openheid is dan ook erg belangrijk. Geen stiekem gefluister over anderen, maar met gedrevenheid aan de slag voor elkaar en de gasten.' Als zestienjarig jongetje kreeg hij de unieke mogelijkheid om als leerling aan de slag te gaan bij restaurant Saur in Den Haag. 'De eerste jaren werd ik helemaal afgebeuld, maar gelukkig had ik wel een ontzettend inspirerende leermeester, de heer Lommers, die me onder zijn hoede nam. Toen ik wat meer dingen mocht gaan doen nam ik zo rond mijn negentiende het besluit om chefkok te worden, maar dan ook een van de beste van Nederland. Vanaf toen, kan ik wel zeggen, is het echt mijn droombaan geworden.'

In totaal werkte Yuri acht jaar bij verschillende hotels en restaurants en deed hij intussen alle mogelijke opleidingen die je kunt doen. Toen kreeg hij de mogelijkheid om als chefkok te beginnen bij het nieuw geopende café-restaurant Vlaanderen, in Delft. 'Eerst dacht ik nog: moet ik dan patatten gaan bakken? Maar de eigenaars overtuigden mij en gaven me alle vrijheid om er een mooie tent van te maken. Ik wilde het een jaar proberen.' Dat zouden er uiteindelijk vijftien worden! Yuri maakt van Vlaanderen een toptent, waar op hoog niveau wordt gekookt. Tussendoor loopt hij stages in verschillende wereldsteden en pakt hij de pen op voor het schrijven van columns. In 2002 brengt hij zijn eigen kookboek 'Kook- en dagboek van een chef-kok' uit, dat in de top tien van kookboeken belandt. Dat smaakt naar meer. Hij krijgt de kans om in de allereerste tv-kookstudio van Nederland kookdemonstraties te geven. Dit loopt zo goed dat hij de sprong waagt naar het zelfstandig ondernemerschap. Hij schrijft, doceert aan de Cas Spijkers Academie, en geeft kookworkshops.

Maar voor vandaag staat er alleen een lunch op het programma. We bereiden een heerlijke krotenmosterdsoep met rucolaschuim ('die krotenmosterd heb ik ooit ontwikkeld speciaal voor Rotterdammers'); een risotto met truffel en Parmezaanse kaas en een chocolademousse. In de keuken vertelt hij met grote liefde over zijn verrukkelijke creaties, maar er komen ook de mooiste anekdotes uit de kast. Zo schrok hij zich ooit helemaal lam toen hij in de keuken een zwaar bebloede kok zag kermen van de pijn. 'Ik belde meteen 112 en dacht dat hij het loodje legde. Op dat moment schoten de koks schaterend in de lach: het bloed was nep en ze hadden mij een mooie poets gebakken.'

Buiten de keuken is hij ook op zoek naar inspiratie. 'Ik neem altijd een boekje mee om dingen op te schrijven.' Zo liep hij eens in de ikea waar hij drie parfumverstuivers zag liggen. Dat bracht hem op het idee om die te vullen met citroen. 'Vaak zie je zo'n schijfje citroen op een vis liggen. Als mensen erom vragen heb ik nu de citroenverstuiver.' Zo bedacht hij ook de Hilfigerkreeft en de perfecte manier om zalm te roken. 'Dat is mijn grote drive: nieuwe dingen bedenken waar ik de mensen mee kan verrassen en verblijden. Stilstaan is tenslotte doodgaan!'

Het moge duidelijk zijn: in alles wat chefkok Yuri doet spat de energie ervan af. Met zijn enthousiasme zweept hij iedereen op in de keuken. Zijn gasten ontvangt hij met een ferm uitgestoken hand en hij toont zich een toegewijd gastheer. Tijdens de lunch van die dag ging hij afzonderlijk bij elk tafeltje langs om wat mooie anekdotes te vertellen. De gasten hingen aan zijn lippen. Hij kan urenlang vertellen over zijn creaties en de gedachten daarachter.

Mensen die hun droombaan doen zijn vaak energierijker anderen. Ze zitten lekker in hun vel en hebben voldoende energie om aan de slag te gaan. Ze vinden het leuk over hun baan te vertellen en hun enthousiasme werkt aanstekelijk.

Dat geldt ook voor gebarentolk Sandra Markies, met wie ik tijdens werelddovendag meeloop: ze bruist van de energie. Veel mensen klampen haar aan om een praatje te maken. In het tolken zelf onderscheidt ze zich voornamelijk door haar mimiek. Door haar actieve houding krijg je zin om naar haar te kijken.

En fysiotherapeut Niels Tammenga heeft een goedlopende praktijk. Mensen worden graag door hem geholpen. Ik denk dat het komt omdat Niels niet alleen ontzettend goed is in zijn vak, maar mensen ook door zijn enthousiame weet te motiveren om in beweging te komen.

Peters busje komt zo

'Wilt u na de korte stop de speakers boven uw hoofd weer aandoen? Dan gaan we een verhaaltje vertellen over wat u onderweg allemaal gaat beleven.' Het is acht uur 's avonds en we maken de laatste stop in Nederland, voordat we een lange trip naar Briançon voor de boeg hebben. Maar Peter Janssens (48 jaar) heeft er zin in. Hij is touringcarchauffeur voor de Betuwe-express.

De ware belevenis van de reis is echter Peter zelf. Voluit pratend vertelt hij over de dingen die hij meemaakt als chauffeur. Over hoe hij klassen met schoolkinderen voorbereidt op een bezoek aan Auschwitz, over verliefde meisjes die naast hem komen zitten en hem om liefdesadvies vragen, en over de duistere praktijken van Roemeense chauffeurs. Hij reist heel Europa door, van Barcelona tot Boedapest, en begeleidt vandaag een reisgezelschap dat op wintersport gaat. 'Ik wil de reis altijd zo aangenaam mogelijk maken. Dat begint al de dag voor vertrek, als ik de bus helemaal schoonmaak. Niets is namelijk zo vervelend als in een vieze bus stappen.' Naast zijn perfectionisme is Peter vooral een 'mensenmens', zoals hij zelf zegt. Dat heb ik altijd al gehad. Na de Its ging hij het leger in en belandde bij Defensie. Na zes jaar zwaaide hij af en ging als chauffeur werken. Hij had nog banen in een verzorgingshuis en reed jaren als buschauffeur in Utrecht, waar hij af en toe ook voor de Betuwe-express reed. Na een een eigen lunchroom te hebben gerund, zit hij nu weer op de bus.

'Het is een prachtig beroep, waarbij je heel veel ziet en heel veel leuke mensen ontmoet. Iedereen is altijd in een blije stemming, want men gaat op vakantie. Ik ben hier echt voor bestemd.' En niet alleen is hij gastheer in de bus, er komt nog veel meer bij kijken. 'Bij elke rit maak ik een passagiersindeling en houd ik het logboek bij, en ik doe jaarlijks vele opfriscursussen.'

De Royal Class-bus waar we mee reizen is net een jaar oud, en Peter vindt het heerlijk om erin te rijden. 'Zo'n stille motor, dat is toch mooi.' Inmiddels staat er al zo'n 200.000 kilometer op de teller. Collega Hans en hij wisselen elkaar om de drie à vier uur af. Halverwege de bus is een slaapcabine, waar om de beurt wordt uitgerust. Dat is niet alleen belangrijk voor onze eigen rust, maar ook voor de gemoedsrust van de passagiers.' Bij het in- en uitladen van de bagage maakt Peter regelmatig een dolletje: 'Neem je je schoonmoeder mee in die koffer; hij is zo groot!' Peter zegt daarover: 'Kijk, je voelt wel aan bij wie dat wel en niet kan. Maar ik ben wel van de duidelijke regels. Zo waren ooit drie studenten op een reis naar Lloret de Mar niet op het afgesproken tijdstip aanwezig, terwijl ik iedereen had gewaarschuwd dat ik dan weg zou zijn. Ze wilden me testen en kwamen te laat. Ze zullen wel raar opgekeken hebben toen ik ook werkelijk was vertrokken.'

Ondertussen geeft Peter wel vijf keer aan wat voor prachtvak hij wel niet heeft. Als we dan na veertien uur rijden zijn gearriveerd, wenst Peter iedereen een prettige vakantie. Wij hebben er zin in en hopen dat we Peter op de terugweg weer treffen. Maar ach, misschien zit hij dan wel weer in Boedapest, Stockholm of de Keukenhof...

Hoofdstuk 19

Proactief

Het is me opgevallen dat mensen die hun droombaan doen op veel situaties proactief reageren. Zij nemen zelf de touwtjes in handen. Proactief zijn is echter meer dan initiatief nemen. Proactieve mensen nemen initiatief om gebeurtenissen te beïnvloeden. Veel mensen wachten af of schuiven hun verantwoordelijkheid graag af op externe gebeurtenissen of op anderen. Dat zie je ook met werk. Hoeveel mensen dromen wel niet van hun droombaan, maar zetten nooit de stappen om die te realiseren? Als puntje bij paaltje komt dan dragen ze altijd excuses aan, zoals we in deel 2 hebben gezien. Maar proactieve mensen richten zich vooral op hun eigen gedrag en hun eigen gedachten.

In dit hoofdstuk onderscheid ik twee vormen van proactief gedrag in relatie tot droombanen: proactiviteit om je droombaan te krijgen en proactiviteit om je droombaan te houden.

I Proactiviteit om je droombaan te krijgen

Marja heeft een binding met boeken

Het omslagblad haal ik door een rol met vinyllijm, waarna op het omslagblad het voor- en achterplat samen met de rug komt te liggen. We moeten rekening houden met de fijne kneepjes, en dan is het geheel klaar om te rollen en plat te drukken. En dit is nog maar een klein onderdeel van het vak boekbinden, waar ik me vandaag op heb gestort.

Ik krijg uitleg van Marja Voogt-van Leeuwen, die me een tijdje geleden enthousiast mailde dat ze zo'n ontzettend leuk vak heeft. De 52-jarige Marja is nu zes jaar professioneel boekbinder, maar heeft eigenlijk haar hele leven lang al een sterke binding met boeken. 'Ik verzamel al sinds ik klein was papier en materialen, zoals staaltjes waar ik dan weer boekjes van maak.' Er zijn niet veel handmatige boekbinders in Nederland meer te vinden, zo'n vijftig ongeveer; het ambacht is aan het uitsterven. Boekbinderij Rietveld, waar Marja in dienst is, neemt dan ook zoveel mogelijk klussen aan, zelfs als het gisteren al af moest. 'Dat betekent dat je heel flexibel moet zijn. Soms wordt hier tot middernacht doorgewerkt.'

Voor Marja is dat echter geen probleem. Ze prijst zichzelf gelukkig dat ze van haar hobby haar beroep heeft kunnen maken. Na de mavo stond ze 23 jaar lang in een boekenwinkel als verkoper. Ze ging zich echter ergeren aan kleine dingen. Toen besefte ze dat ze iets anders moest gaan doen, en maakte ze een tussenstap naar de verpleging. Niet lang daarna bleek ze kanker te hebben en zat ze noodgedwongen drie jaar thuis.

Ze ging echter geen duimen zitten draaien en putte juist veel kracht uit haar ziekte. 'Ik besloot dat ik van mijn hobby mijn beroep wilde maken en boekbinder wilde worden.' Op 44-jarige leeftijd deed ze een vakopleiding tot boekbinder. Letterlijk met het telefoonboek in de hand belde ze een aantal boekbinders en regelde zo een stage. Na haar stage kon ze in dienst komen bij Rietveld, voor een dag in de week. Door goed te presteren kon ze het aantal dagen per week steeds meer uitbreiden naar inmiddels drieënhalve dag per week.

Marja laat me de diverse projecten zien: van grote, zware bijbels die aan renovatie toe zijn tot aan prachtige bedrijfsbrochures van G-star. 'Ik vind het elke keer weer een uitdaging om de wensen van de klant zo te vertalen dat deze tevreden is, maar ook dat het zo efficiënt mogelijk gebeurt.' Vandaag komt haar baas tijdens de lunchpauze binnen met een opdracht, waarna een conclaaf plaatsvindt over cliché- danwel singersteken.

De hang naar kennis was heel groot, en twee jaar geleden deed ze ook nog een extra opleiding tot restaurateur van boeken. 'Ik vind juist de veelzijdigheid zo leuk aan mijn baan. Van restaureren en herstellen tot het binden van een boek dat binnenkomt als een aantal losse vellen.' Ik merk dat het veel nauwkeurigheid vergt. Bij het boekomslag waar ik mee bezig ben, moeten de uiteinden naar binnen worden gevouwen zodat die mooi rond afloopt. Als dit niet snel genoeg gebeurt is de lijm alweer opgedroogd en in de meeste gevallen kun je dan weer opnieuw beginnen: 'shoot'!

Boekbinden heeft een stoffig imago, maar na een dagje meelopen moet ik zeggen dat dit reuze meevalt. En zeker door enthousiaste boekbindsters als Marja mogen we hopen dat dit eeuwenoude ambacht nog lang zal bestaan.

Toen Marja kanker bleek te hebben, waarvan de meeste mensen in de put zouden raken, kreeg Marja juist moed en besloot ze het roer helemaal om te gooien. Een nieuwe opleiding op haar vierenveertigste en een zelf geregelde stage: door proactief te handelen doet Marja nu alweer zes jaar haar droombaan!

Bij veel mensen zijn de omstandigheden in een huidige baan de aanleiding om nieuwe stappen te zetten. Zo ook voor sappenontwerper Susanna van Dijk. Ze dacht haar droombaan te vinden als schoonheidsspecialiste, iets wat ze als kind al wilde. In de praktijk bleek dit toch niet haar droombaan te zijn en ze maakte een complete carrièreomslag. Ze belandde op de binnendienst bij verschillende makelaarskantoren. Op een gegeven moment zag ze dat ook niet meer zitten, en besloot ze een jaar lang naar Thailand te gaan om zich te bezinnen. Daar liet ze zich inspireren door de juicebarretjes die op elke hoek van de straat stonden. Na haar terugkomst in Nederland wist ze dan ook wat ze echt wilde doen. Ze ondernam actie, maakte met behulp van een coach een ondernemingsplan, vroeg een lening aan, en startte als ondernemer in het bedenken en verkopen van verse sappen. Je zou kunnen zeggen dat Susanna gewoon niet wist wat ze wilde of wispelturig was. Waar het echter om gaat is dat ze in diverse situaties waarvan ze inzag dat haar dat geen werkgeluk opleverde, uiteindelijk besloot om proactief andere wegen in te slaan.

Mensen met hun droombaan hebben vaak proactief stappen ondernomen om hun droombaan te krijgen. Het belangrijkste is dat je wat doet en in actie komt. Soms door te solliciteren, soms door gewoon een bedrijf binnen te lopen, soms door je netwerk in te schakelen. Als je weet wat je wilt en wat je drijfveren zijn en je weet dat je niet op de goede plek zit: kom in actie!

2 Proactiviteit om je droombaan te behouden

Het is natuurlijk fantastisch als je je droombaan hebt gevonden. Dat je werk kunt doen waarin jouw passies en talenten tot hun recht komen, dat je kunt presteren en dat je er ook nog eens voldoening uit haalt. Maar hoe zorg je ervoor dat je droombaan ook je droombaan blijft? In de loop der tijd verandert je omgeving, maar daarmee ook je takenpakket. Alleen door hier proactief mee om te gaan, kun je ervoor zorgen dat je baan ook je droombaan blijft.

Je kunt bijvoorbeeld van omgeving veranderen. Dat is de reden dat politieagent Martijn Hoedemakers bewust elke vijf jaar van politiecorps verandert. 'Ik wil mezelf scherp houden en door steeds voor een andere omgeving te kiezen moet ik me elke keer weer bewijzen. Daar leer ik veel van.'

Maar ook binnen je huidige omgeving kun je proactief reageren, door bijvoorbeeld doelen of nieuwe uitdagingen te stellen. Zo werkt Martin Truijens, zwemcoach van de nationale herenselectie, bijvoorbeeld met blokken van drie weken. In elk blok worden duidelijke doelen op papier gezet: voor de zwemmers, maar ook voor hemzelf. Aan het eind van het project, dat vier jaar in beslag neemt, lonken dan de Olympische Spelen – een heel duidelijk einddoel!

Het is ook belangrijk dat je jezelf tussentijds evalueert. Dat kan op verschillende manieren.

1 Als je met tastbare producten werkt, kun je heel goed de kwaliteit controleren van wat je aflevert. Stukadoor Jan Visser checkt zijn werk altijd grondig voordat hij het oplevert. Zijn werk haalt hij overal tussenuit.

2 Maar ook bij minder tastbare producten, zoals bij het maken van een radio-uitzending, kan dat. Radio-dj Jeroen van Inkel geeft zichzelf, ook nog na meer dan dertig jaar in het vak te werken, na elke uitzending een cijfer. 'Ik heb mezelf nog nooit een tien gegeven. Een tien is perfect en dat bestaat niet, er is altijd verbetering mogelijk en daar houd ik me dan ook actief mee bezig.'

Elke dag boekenbal bij Miranda

Ze krijgt kippenvel als ze eraan terugdenkt. Een oudleerling die voor een lustrumboekje een droombaantip had achtergelaten voor huidige leerlingen: '"Als je je hart volgt kun je nooit verdwalen" ... Zo mooi en zo waar.' Zelf heeft ze tot nu toe ook haar hart gevolgd en dat bracht haar negen jaar geleden naar het Buitenhout College in Almere, een vmbo-school met zo'n 950 leerlingen. Ik volg vandaag mediathecaris Miranda van Roosmalen (45 jaar).

De hele dag door staan er leerlingen en docenten aan haar balie, met vragen over pasjes en te lenen boeken (leerlingen) en afspraken voor lessen in de mediatheek (docenten). Deze immense ruimte waar menige school jaloers op zou zijn, is bijzonder geschikt om klassikaal lessen te volgen op computers. Maar ook kunnen leerlingen individueel terecht om neer te ploffen op zitzakken, om een proefwerk voor te bereiden of om opdrachten op de computer te doen. En natuurlijk om te lezen... 'Dat laatste proberen we hier echt zo veel mogelijk te bevorderen,' vertelt Miranda. Zo is direct bij de ingang een display uitgestald waar de leerlingen kunnen zien wat de nieuwste aanbevolen boeken zijn. Ook wordt meegedaan aan allerlei nationale leeswedstrijden. 'We hebben hier een grote collectie van ongeveer zesduizend boeken (waarvan drieduizend jeugdboeken) en jaarlijks worden er zo'n achtduizend boeken uitgeleend.' In haar functie als hoofd van de mediatheek stuurt ze twee andere krachten aan en tien vrijwilligers, die elk een dagdeel voor hun rekening nemen. Door het team wordt de uitleen en inname van boeken, en de toewijzing van de computers geregeld. 'Daardoor houd ik meer tijd over om me inhoudelijk bezig te houden met bijvoorbeeld het adviseren van docenten. Ik stel steeds weer nieuwe doelen, om de mediatheek binnen de school meer zichtbaar te maken. Ik stap naar leerkrachten toe om ze te adviseren, over hoe ze gebruik van ons kunnen maken. Daarbij houd ik ook mijn eigen functioneren constant onder de loep. Je moet kritisch kijken naar wat je doet en hoe je dingen kunt verbeteren.'

Ook geeft Miranda zelf lessen aan leerlingen over het gebruik van media. Zoals vanmiddag. Ze maakt middels een stappenplan duidelijk hoe leerlingen verschillende bronnen kunnen raadplegen om antwoord op hun vraag te krijgen. Spelenderwijs worden de leerlingen in de materie meegenomen en moeten ze 'stiekem' ook meteen nadenken over hun favoriete schrijver. Voor Miranda is deze job de ideale combinatie, namelijk werken met jongeren en bezig zijn op het gebied van informatievoorziening. Ze deed een opleiding aan de Bibliotheekacademie en belandde na haar studie bij de krant 'De Stem'. Dit was een parttime baan, evenals haar functie in een bibliotheek. Na een jaar solliciteerde ze in eerste instantie bij 'Het Parool', maar werd iets later aangenomen bij 'de Volkskrant'. Ze begon als documentalist en eindigde als plaatsvervangend chef. Toen ze hier alles had gezien lonkte een nieuwe werkgever: Coopers & Lybrand (tegenwoordig Price Waterhouse Coopers), waar ze vier jaar werkte als senior researcher.

Na de geboorte van haar zoon bedacht ze dat ze met haar werk een grotere maatschappelijke bijdrage wilde leveren. Toen ze een vacature zag voor een ondernemende mediathecaris was ze al verkocht, en ze kreeg de kans om vanuit het niets deze afdeling op te bouwen. 'Voor mij is het belangrijk dat ik met mijn werkzaamheden een bijdrage kan leveren aan de ontwikkeling van jongeren. En zo lang ik hier nog iedere dag binnenkom met een gevoel van "wow, wat is het mooi om hier te mogen zijn", zit dat wel goed.'

Mensen met hun droombaan zetten situaties naar hun hand. Ze stellen doelen, evalueren zichzelf en blijven zichzelf ontwikkelen. Zo ook mediathecaris Miranda van Roosmalen. Door haar proactieve houding heeft ze in tien jaar tijd een goedlopende en alom gewaardeerde mediatheek weten op te zetten binnen haar school. Om je droombaan te behouden is aan jou de opgave om proactief aan jezelf te werken en nooit je aandacht te laten verslappen.

Hoofdstuk 20

Positieve mindset

Truijens voelt zich als een vis in het water

'Everyone has his burden. What counts is how you carry it.' Onder aan het trainingsschema van deze ochtend staat deze slogan vetgedrukt. Ik ben vandaag niet bij een praatgroep voor slachtoffers van huiselijk geweld, maar in het Sloterplasbad, de thuishaven van een van de twee nationale zweminstituten. Deze biedt topzwemmers een professioneel training-en-wedstrijdprogramma aan.

Aan de kop van het zwembad staat de 33-jarige Martin Truijens, één van de bondscoaches van de Nederlandse seniorenzwemmers. Met korte aanwijzingen spoort hij zijn zes pupillen aan tot het zwemmen van hun p's, het doen van 200 meter beensteigering en af te zetten met een stroomlijn. De training neemt circa 2,5 uur in beslag. Wekelijks liggen de zwemmers zo'n twintig uur in het water, en daarnaast doen ze ook nog de benodigde krachttraining. Martin besteedt veel tijd aan het samenstellen van de trainingen. Daarbij maakt hij gebruik van een ingenieuze spreadsheet waarbij diverse parameters (op het gebied van hartslag, frequentie, tijd) de leidraad zijn. 'We werken in blokken van drie weken, en daarin werken we toe naar het verbeteren van de individuele prestaties. Het ultieme doel is uiteraard het verwezenlijken van de persoonlijke dromen en ambities van de zwemmers, voor de Spelen in Londen.'

Dat Martin zelf ambitieus is, blijkt wel uit zijn levensverhaal. Als klein kind tekende hij zichzelf in een eigen sportschool en op het voetbalveld gaf hij aanwijzingen. Op jonge leeftijd wist hij al dat hij bewegingswetenschappen wilde gaan doen. Tijdens zijn studie kwam hij bij een stage in aanraking met de zwemsport, toen hij onderzoek deed naar de beruchte haaienpakken en daar advies over uitbracht. Na zijn tweede stage in de Verenigde Staten, waar hij onderzoek deed naar de effecten van hoogtestages bij zwemmers, deed hij zijn eerste ervaring op met het trainen/coachen van een zwemmer. De legendarische zwemmer Jim Montgommery, die op de Olympische Spelen in 1976 drie gouden medailles had gewonnen, vroeg Martin om hem te begeleiden rondom de Wereldkampioenschappen Masters (categorie voor senioren). Een paar jaar later kreeg hij de kans om coach te worden van de Nederlandse senioren. Hij greep die kans met beide handen aan, ook al was hij al twee jaar bezig met het schrijven van zijn proefschrift. 'Ik had al tijdens mijn stages ervaren dat het leukste aspect bestond uit het voorbereiden en begeleiden van de onderzoeken van de proefpersonen (de zwemmers). Nu kon ik dat echt in de praktijk gaan brengen als coach.'

Tijdens de ochtendtraining heeft Martin twee stopwatches in zijn hand, en geeft hij constant de tijden door en aanwijzingen voor verbetering. 'Het geheim van een goede zwemcoach zit hem voor 99% in goede communicatie en voor 1% in kennis. De grootste voldoening voor mij is om het beste uit mensen te halen. Daar sta ik 's ochtends vroeg graag voor op.'

Zijn advies voor mensen die ook coach willen worden, is om onbegrensd te denken en constant op zoek te gaan naar nieuwe uitdagingen ('alleen dan kun je vooruitgang boeken'). Daarnaast moet je geen 'negen tot vijf'-mentaliteit hebben. Martin maakt doordeweeks dagen van rond de dertien uur en op zaterdag ook nog eens een halve dag. Tijdens de middagtraining prijkt weer een mooie leus onder aan het schema: 'Minds are like parachutes: they only function when open.'

Martin: 'Een groot deel van het coachen zit hem in de mentale begeleiding. Als het in die koppies goed zit, heb je al een groot deel gewonnen. Dat is een constant proces, waarbij je ook rekening houdt met de privésituatie van een zwemmer.' Een heel intensief proces, merk ik vandaag.

En wat gebeurt er na Londen? 'Nou, ik wil zeker hierna nog een Olympische cyclus meemaken, en het is mijn toekomstdroom om ooit nog eens een groot topsportcentrum te leiden, met alle benodigde faciliteiten.' De maquette daarvan hoeft hij dan alleen nog maar uit zijn tekendoos van vroeger te halen...

Zwemcoach Martin Truijens kan als geen ander weten hoe belangrijk het is om mentaal goed uitgerust te zijn. Alleen dan kunnen topprestaties worden geleverd. Daarin ligt dan ook een zeer belangrijke taak voor hem weggelegd. Uiteraard moet je zelf goed in je vel zitten. Een van zijn motto's is: 'Geluk kun je afdwingen.'

Ook circusdirecteur Tamara Diks vertelt geamuseerd over haar levensinstelling. 'De drie r's van rust, regelmaat en reinheid: daar doen wij niet aan. Ik hanteer in mijn leven de drie l's: liefde, lachen en levenslust! Elke dag sta ik op met de gedachte; wow, ik mag weer.'

Op de truck van vrachtwagenchauffeur Corinna Peters staat met potsierlijke letters haar levensmotto: LIFE IS A JOURNEY, NOT A DESTINATION. Die reis onderneemt ze dan ook elke dag met ontzettend veel plezier.

Theaterschooldirecteur Laura Doorneweerd pakt alles aan wat op haar pad komt met een ongebreideld enthousiasme. 'Ja, ik ga door het leven met de instelling dat alles kan!'

Bij logopediste Carine Roos is het eerste wat opvalt als je haar kamer binnenkomt een groot schilderij met de tekst: JE GEZICHT IS JE EIGEN WEERBERICHT. ALS JE IN DE SPIEGEL KIJKT, KUN JE JE EIGEN BUI ZIEN HANGEN.

Wat hebben deze mensen in bovenstaande voorbeelden gemeen? Ze hebben allemaal een positieve kijk op het leven. Zij hebben plezier als levensinstelling. Dat helpt hen ook in hun visie ten aanzien van werk. Door deze instelling kunnen zij bergen verzetten.

Uit onderzoek (Achor 2010) blijkt dat mensen met een positieve mindset ook creatiever zijn, meer energie hebben en productiever zijn. Bij problemen zoeken zij direct naar oplossingen. Na ontslag zal een pessimist bijvoorbeeld veel meer van slag zijn dan een optimist. De laatste zal veel eerder in actie komen, wat zijn kansen op een nieuwe baan vergroot.

Met een positieve instelling vergroot je dus de kans om je droombaan te vinden!

Braincandies van René

'Typerend voor deze generatie is dat ze zeggen wat ze doen en doen wat ze zeggen. Privé is werk en werk is privé, privacy bestaat niet meer en obesitas is een groot probleem omdat er niet meer ontbeten wordt.' In hoog tempo haalt hij het ene na het andere voorbeeld erbij om zijn verhaal te illustreren. Ik ben aanwezig bij een presentatie over Generatie Z (jongeren in de leeftijdscategorie tot 18 jaar) die wordt gegeven door trendteller en brainagent René Boender (53).

'Een trendwatcher kijkt naar trends en een trendteller vertelt je wat je moet doen met trends.' Dat doet hij inmiddels ruim tien jaar voor een grote variëteit aan bedrijven over de hele wereld. 'In 2000 verkocht ik mijn reclamebureau en nam ik het besluit om volgens het "LL"-principe te leven: alleen Leuke dingen doen voor Leuke mensen. Daarbij moet je constant het geluk opzoeken.' Dat geluk lachte hem toe en hij werd door een grote klant gevraagd om brainagent te worden. Brainagent? 'Ja, dat betekent dat een klant mij zijn problemen voorhoudt en ik daar op basis van mijn intuïtie meteen op reageer. Ik kan heel snel schakelen tussen mijn linker- en rechterhersenhelft, en door de inspiratie die ik wereldwijd overal opdoe kan ik mensen echt helpen met het bepalen van hun richting.' Niet alleen een op een, maar ook voor hele grote zalen en ministers, tv-hosts en succesvolle ondernemers geeft hij vandaag de dag presentaties.

Op zijn vijfde wist hij dat hij reclameman wilde worden. 'Mijn opa verkocht advertenties voor een krant en op vrijdag ging hij altijd als laatste bij de Jamin langs. De winkelier kreeg tien cent korting als hij een zak snoep voor zijn kleinzoon meegaf.' Voor René reden om de reclame in te gaan, 'want dan kreeg je snoep'. Vijftien jaar later belandde hij bij een groot reclamebureau waar hij een graai in de snoeppot mocht doen en werken voor wereldwijd aansprekende merken als Coca Cola, h&m en l'Oréal. Jaren later deed hij dat met zijn eigen bureau.

De energieke Boender doet per jaar gemiddeld zo'n twintig landen aan. 'Ik wil mensen 'business happiness' meegeven. Als je gelukkig bent in je werk ben je dat ook in je privésituatie. Veel mensen blijven in hun 'comfortzone' leven, ik zoek altijd het randje van het ravijn op: want daar staan de bloemetjes. Als Alice in Wonderland ga ik achter het konijn aan dat een gat in de lucht springt: de meeste mensen blijven verbaasd aan de kant staan kijken.' Zijn relaas is onnavolgbaar.

Met zijn spitsvondige opmerkingen ('braincandies' zoals hij die zelf zo mooi noemt) wil hij mensen triggeren om in actie te komen. 'Alleen dan bewerkstellig je verandering.'

Na de presentatie van vandaag zijn er diverse mensen die het boek 'Generatie Z' van René en zijn mede-auteur Jos Ahlers gesigneerd willen hebben. René neemt rustig de tijd en heeft voor iedereen een vriendelijk woord. Hij praat nog na met bekenden en haalt mooie verhalen op over zijn ervaringen met de groten der aarde. 'Een droombaan: zeker! Het geeft veel voldoening om mensen te ontmoeten die verschil kunnen en willen maken. Ik sta dan ook elke dag op om te ontdekken dat de dag die volgt nog weer leuker is dan de dag van gister.'

René Boender doet werk dat bij hem past en waarin hij gepassioneerd is. Het helpt dat hij een positieve levensinstelling heeft: daardoor blijft zijn baan ook zijn droombaan. Het maakt dan ook niet uit wat voor vak je uitoefent of welke baan je hebt! Want van elke baan kun je jouw droombaan maken. Of je nu vuilnisman bent, gerechtsdeurwaarder of putjesschepper.

Al met al...

Mensen met een droombaan vertonen vaak ander gedrag dan mensen die geen droombaan hebben. Hun geheimen zijn in dit deel van het boek beschreven. Mensen met een droombaan voelen zich betrokken bij hun organisatie en het werk dat ze doen. Die betrokkenheid uit zich in inlevingsvermogen en trots.

Zulke mensen zijn van grote waarde voor klanten en collega's. Ze vragen zich af wat een klant wil, omdat ze hun verwachtingen willen waarmaken. Of beter nog: willen overtreffen. Dit komt zowel voor bij mensen in loondienst als bij ondernemers en zelfstandigen.

En mensen met een droombaan zijn energierijk. Je merkt het aan de manier waarop ze over hun baan vertellen. Het enthousiasme dat ze hebben is voelbaar aanwezig. Deze mensen hebben er echt zin in.

Ze zijn proactief ingesteld en komen graag in actie. Ze stellen doelen voor zichzelf en gaan daar ook mee aan de slag.

Ten slotte hebben ze een positieve mindset, waardoor ze 's ochtends met veel plezier aan hun werk beginnen en bergen werk kunnen verzetten.

In mijn wegwijzer aan het begin van mijn boek haalde ik onderzoek van Amy Wrzesniewski aan. Zij heeft aangetoond dat je in vrijwel elke sector drie categorieën mensen hebt:

- mensen die hun werk puur en alleen als inkomstenbron zien;
- mensen die hun werk als hun carrière zien;
- mensen die hun baan als een roeping zien.

In deze laatste groep vind je, vrij vertaald, de mensen die hun baan als droombaan zien. Zij zijn positief ingesteld, doen meer dan van hen verwacht wordt omdat ze het leuk vinden, werken met plezier en halen daar voldoening uit.

Uit haar onderzoek blijkt deze laatste groep het gelukkigst te zijn. Hierover gaat het laatste deel van dit boek. Want we weten nu wat een droombaan is, dat iedereen die kan doen, wat de drijfveren zijn van mensen met een droombaan en wat hun geheimen zijn. Maar misschien vraag je je nog af wat de doorslaggevende reden is om voor je droombaan te gaan.

Droombaantips

Yogadocent Eelke Polle: 'Volg je hart. Durf je los te weken van wat je denkt dat jouw omgeving vindt dat je moet doen. Wees niet bang dat je het niet redt.'

Politieagent Martijn Hoedemakers: 'Als je een droombaan voor ogen hebt, zorg dan dat je jezelf goed informeert en het ervaart voordat je eraan begint.'

Edelsmid Stefan Witjes: 'Je moet je droombaan gewoon *doen*. Een droombaan ligt vaak dichterbij dan de meeste mensen denken. Het gaat er niet om veel geld te willen verdienen. Ik zeg altijd maar zo: hoe groter het huis, hoe meer je moet poetsen.'

Verhuizer Francesco Schmeltz: 'Neem een baan waar je je lekker in voelt. En heel belangrijk: doe je niet anders voor dan je bent.'

Restaurator Anna Krekeler: 'Ga ervoor als je kansen ziet. Als je je droombaan hebt, zorg er dan voor dat je dit gepassioneerd blijft doen. Daarbij moet je volhouden en investeren in tijd en moeite, zodat het je droombaan blijft.'

Boswachter André Wels: 'Ik was altijd iemand van "twaalf ambachten dertien ongelukken". Het heeft een lange tijd geduurd voordat ik erachter kwam wat bij me paste. Maar door te blijven zoeken kwam ik erachter waar ik echt warm voor liep."

Mediathecaris Miranda van Roosmalen: 'Mijn tip komt van een leerling die ooit in een schoolboekje opschreef: "Als je je hart volgt, kun je nooit verdwalen."'

Rietdekker Gerben Langemeen: 'Als je met tegenzin naar je werk gaat, hou je het niet lang vol. Zoek daarom iets wat je leuk vindt. Ik heb dat zelf ook gedaan. Door ervaring op te doen tijdens vakantie-baantjes wist ik dat het rietdekken voor mij was weggelegd. Weet wat je capaciteiten zijn: op school merkte ik al dat leren en boven de boeken zitten niets voor mij was. Ik ben meer iemand van de praktijk. Daar haal ik mijn plezier uit.'

Weerman Piet Paulusma: 'Je werkt zoveel tijd in je leven, het is dan jammer als je niet je droombaan doet. Een droombaan doen zit hem dan ook in hoe gelukkig je in je werk bent. Pak de momenten die je worden aangereikt.'

Intermezzo 4

Via de mail kreeg ik afgelopen jaar af en toe ook hele rare verzoeken binnen. Of ik mee wil lopen met een hydrotherapeut. Ooit van gehoord? Ik niet in ieder geval. Het bleek een therapeut op het gebied van darmspoelingen te zijn. En of ik dan misschien iemand bereid vond om mee te gaan, zodat ik zelf ook de darmspoeling zou kunnen geven om het te ervaren? Leuk idee, maar het ging uiteindelijk niet door: de praktijk verhuisde naar de provincie en daar stonden mensen er minder voor open om hun darmflora en -fauna met mij te delen.

Ook schreef iemand over haar broer, die merlijn is. Hij maakt zelf zalven en geeft workshops en rondleidingen, en doet consulten. De merlijn in kwestie wilde echter liever anoniem blijven en dus ging het niet door. Bij meer mensen merk ik dat ze het belangrijk vinden om anoniem te blijven. Als ze horen dat het juist om hen gaat, haken ze af. Bij een aantal beroepen moet ik beloven dat cliënten of patiënten niet in beeld komen of in het artikel te herkennen zijn. Logisch, want bij veel beroepen – en zeker in de zorg – geldt een beroepsgeheim.

Al vanaf het begin van het jaar heb ik contact met een theesommelier. Aangezien hij heel vaak in het buitenland werkt, is het zeer lastig om een afspraak met hem te maken. Als ik na veel pogingen driekwart jaar later weer contact met hem heb, polst hij me voor een week met hem naar Sri Lanka voor een geheel verzorgde reis naar theeplantages. Duh! Ja natuurlijk wil ik mee! Helaas heb ik te vroeg gejuicht: het bedrijf waarvoor hij werkt kiest voor een journalist van een grote krant. Sindsdien heb ik ook niets meer vernomen van Mr. Pickwick...

Toch heb ik dit jaar ook nog meegelopen met wat droombanen over de grens. Ik ga een weekje met mijn vrouw op wintersport, om even tot rust te komen en ook gezellig met zijn tweeën weg te zijn. Op de heenweg vraag ik de touringcarchauffeur of hij zijn droombaan doet. 'Ik heb het mooiste vak dat er is,' antwoordt hij. Vervolgens zit ik de eerstvolgende uren naast hem, op weg naar de Franse Alpen. Daar loop ik vervolgens ook nog met een skileraar, hoteleigenaar en reisleider mee die allemaal hun droombaan doen.

Bij de honderdste droombaan zoek ik actief naar aandacht van de pers. Een verslaggever van de *Telegraaf* gaat die dag mee, en schrijft een leuk stukje. Ik word gebeld door Ruud de Wild op Radio 538, in de *Sp!ts* staat een hele pagina, en ook op nu.nl verschijnt een bericht over deze mijlpaal.

Om wat extra jeu aan het project te geven, heb ik ook met een aantal bekende Nederlanders meegelopen. Tijdens een uitzending op Q-Music met Jeroen van Inkel vraag ik hem meteen of ik niet een dag met hem mee kan lopen. Een dag later is het geregeld. Autocoureur Jeroen Bleekemolen benader ik via een andere coureur bij *Autoweek*. Via zijn broer, mijn oud-scriptiebegeleider, kan ik ook een dagdeel meelopen met Peter R. de Vries. Mijn zus heeft weer goede contacten met Najib Amhali en via een kennis bij SBS lukt het om ook met Piet Paulusma mee te lopen. Een oude klant van me kent dj Isis en Kluun benader ik via zijn management, die het een leuk project vindt. Marco Borsato ken ik nog uit de tijd dat ik bij War Child werkte. Aan hem overhandig ik tijdens de laatste droombaandag de cheque voor het project Building Skills.

Het leuke aan dit project is vooral dat ik op unieke plekken een kijkje in de keuken kan nemen. Zoals de restauratieruimte in het Rijksmuseum, waar schilderijen worden gerestaureerd die in de permanente tentoonstelling komen te hangen. Of het dolfinarium in Harderwijk, waar ik van dichtbij meemaak hoe er met de dolfij-

nen wordt gewerkt. Met helicopterpiloot Wouter de Vries vlieg ik
naar een aantal boorplatformen in de Noordzee en in jeugdgevan-
genis Teylingereind maak ik een dag mee op een van de afdelingen.
En hoe vaak ga je met een uitvaartbegeleider op pad, of met een
croupier? Ben jij weleens backstage geweest tijdens een circus-
voorstelling of bij het apenverblijf van Burger's Zoo? Ik ben met
een veiligheidsoefening van Greenpeace op het IJsselmeer mee geweest, en heb een dag rondgekeken in de haven van IJmuiden met
de havenmeester. Van dichtbij heb ik gezien hoe het er bij de daklo-
zenopvang aan toegaat, en ik heb met gierende sirenes in een poli-
tieauto gezeten.

Ik ben dan ook ontzettend dankbaar voor al deze ervaringen,
maar vooral ook trots op het feit dat ik met zoveel unieke mensen
heb mogen meelopen. Zij hebben dit tot een schitterend en memo-
rabel jaar gemaakt. En dankzij hun verhalen heb ik hopelijk ook jou
mogen inspireren. Dank daarvoor!

Deel 5

Waarom gaan voor je droombaan?

Dit deel is anders dan de voorgaande delen. Tot nog toe heb ik de ervaringen en avonturen van mijn droombaanjaar als uitgangspunt gebruikt om een antwoord te vinden op een aantal vragen:

- Wat is een droombaan?
- Is een droombaan voor iedereen?
- Wat zijn de drijfveren van mensen met een droombaan?
- Wat zijn de geheimen van mensen met een droombaan?

Hierbij heb ik af en toe onderzoek aangehaald waarin mijn conclusies werden bevestigd, of waardoor ik mijn antwoorden kon illustreren.

In dit deel ga ik op onderzoek uit waarom het belangrijk is om je droombaan te doen vanuit bestaand onderzoek en de mening van drie experts die ook hun droombaan doen. Alle drie houden ze zich beroepsmatig bezig met onderzoek en werk, gerelateerd aan het doen van je droombaan. Graag introduceer ik ze hier:

Hans van der Loo (1954) studeerde sociologie en was jarenlang werkzaam als universitair docent en onderzoeker. Sinds 1994 is hij adviseur en werkt hij voor talloze (middel)grote bedrijven in Nederland en het buitenland. Van zijn hand verschenen de boeken *Plezier en Prestatie* en *Kus de visie wakker*. Vorig jaar schreef hij de bestseller *We hebben er zin in!* waarvan binnenkort ook een vervolg wordt uitgegeven.

Onno Hamburger (1969) is senior trainer & gelukscoach bij Van Harte & Lingsma. Hij is inmiddels tien jaar dagelijks bezig met het vergroten van geluk, met name op de werkplek. In 2011 schreef hij samen met wetenschapper Ad Bergsma het boek *Gelukkig Werken*.

Arnold Bakker (1964) studeerde psychologie in Groningen, waar hij in 1995 promoveerde. Van 1997-2006 werkte hij in Utrecht, achtereenvolgens als postdoc-onderzoeker, universitair (hoofd)docent en bijzonder hoogleraar positief organisatiegedrag bij de capaciteitsgroep sociale en organisatiepsychologie. Sinds 2006 werkt hij als hoogleraar Arbeids- en Organisatiepsychologie aan de Erasmus Universiteit Rotterdam. Naast het geven van onderwijs en verrichten van onderzoek, adviseert Bakker bedrijven op het gebied van human resource-management. Van zijn hand verschijnen vele publicaties, zoals de oratie 'Bevlogen van Beroep' en *Work Engagement: A Handbook of Essential Theory and Research* (2010).

In de volgende hoofdstukken komen de volgende onderwerpen aan de orde: droombanen vanuit het oogpunt van een expert, waarom zou je jouw droombaan doen?, gelukkig werken en droombaantips van de experts.

Hoofdstuk 21

Droombanen vanuit het oogpunt van een expert

Voordat ik vroeg naar het nut van het doen van je droombaan, wilde ik van Hans, Onno en Arnold weten wat zij onder een droombaan verstaan.

Hans van der Loo

Wat is volgens jou een droombaan?

Voorop staat dat een droombaan bij jezelf begint. Vroeger waren droombanen modelmatige dingen. Bijvoorbeeld: straaljagerpiloot of brandweerman of popster. Die zijn eigenlijk altijd gefixeerd op de buitenwereld, in de zin van: aandacht voor dit soort droombanen.

Als gevolg van de individualisering van de afgelopen decennia gaat het tegenwoordig vooral om de dromen die mensen zelf hebben. Het draait om de inkleuring die jij aan je baan geeft. In elke baan kun je nu dus eigenlijk wel je droombaan vinden. Ik heb een keer een aantal truckers geïnterviewd, en daar was er één bij die zo enthousiast was over zijn werk dat hij daar uren over kon vertellen. Hij had zijn hele cabine ingericht op zijn eigen manier, en door te experimenteren ook de beste rijstijl ontwikkeld. Kortom, deze man deed echt zijn droombaan!

Een droombaan heeft voor mij te maken met de mate van positieve energie die een baan voor iemand genereert. Die energie vertaalt zich in enthousiasme en daadkracht. Je merkt het aan de intensiteit waarmee mensen hun werk doen. Daarnaast is het belangrijk dat er vooruitgang zit in het werk dat je doet. Natuurlijk verschilt het per persoon wat die vooruitgang is, maar het moet wel meetbaar zijn.

En in een droombaan zit ook een element van een roeping, of hoe je dat ook wilt noemen. Mensen die hun droombaan doen geven aan dat ze niet anders kunnen of willen.

Onno Hamburger

Wat is volgens jou een droombaan?

Een droombaan is een baan waarin ik mijn ei kwijt kan; waar ik mijn talenten en kwaliteiten kan inzetten. Voor mij geldt dan ook nog dat ik met mijn droombaan anderen kan helpen en een bijdrage kan leveren aan een betere wereld.

Ik werkte bijvoorbeeld jarenlang in de reclamewereld. Dat was een hele leuke job met leuke mensen, maar er ontbrak het gevoel dat het zinvol was. Ik kon mijn talenten erin kwijt, maar niet mijn passie. Toen móest ik bijvoorbeeld boeken lezen op mijn vakgebied. Tegenwoordig wíl ik in mijn baan als coach heel graag boeken lezen. Ik help mensen hun talenten te ontdekken, beter in hun vel te zitten en hun passies en kwaliteiten te (her)vinden. Dat vind ik heel gaaf en ik doe het bij wijze van spreken ook in mijn vrije tijd. Het thema 'geluk in werk' heeft me altijd al aangesproken. Mijn vrienden bevestigen dat ook, dat ik altijd al met dit thema bezig ben geweest.

Voor mij is een droombaan dan ook die baan waarin je plezier en passie hebt, je talent en kwaliteiten tot hun recht komen, en waarin je een bijdrage levert. Je droombaan is ook niet een statisch iets. Een droombaan is geen eindpositie. Er zit, als het goed is, een ontwikkeling in. Je moet je droombaan dan ook eigenlijk om de zoveel tijd tegen het licht houden, om te zien of het nog je droombaan is.

Arnold Bakker

Wat is voor jou een droombaan?

Dat je werk doet waarover je je voldaan voelt. Dit voldane gevoel ontstaat als er aan de ene kant een goede 'fit' is tussen de taken die iemand moet doen en zijn vaardigheden. Als je steeds dingen doet die je niet goed aankunt, is er een 'misfit' tussen persoon en taken en ontstaat er stress. Je gaat dan dingen boven je macht doen.

Andersom kan ook: dat je structureel dingen gaat doen die onder je macht liggen. Dan ontstaat er heel snel verveling. Belangrijk is dat de taken die je uitvoert, passen bij je vaardigheden. Neem bijvoorbeeld een afgestudeerd ingenieur. Als die buschauffeur wordt zal hij waarschijnlijk niet genoeg uitdaging zien in zijn baan en zich snel gaan vervelen. Daarnaast moet er ook een fit zijn tussen je behoeften en je vaardigheden. Als je op zoek gaat naar de perfecte fit tussen wat je kunt (vaardigheden), wat je wilt (behoefte) en wat je moet doen (taken) dan kun je spreken van een droombaan. Wat daarbij wel heel belangrijk is, is dat je deze fit actief moet onderhouden.

Je wordt vaak aangenomen om bepaalde taken uit te voeren op basis van je vaardigheden en behoeften. Dit is eigenlijk een soort nulpunt. Na verloop van tijd verandert de fit: je omgeving verandert, je wordt zelf ouder, en je behoeften veranderen. Je moet er dus weer voor zorgen dat je vaardigheden op peil komen. En ervoor zorgen dat je behoeften passen bij dat wat je omgeving (de markt, klanten, enzovoort) van je verlangt, en de daarbij behorende taken. Ook werk dat repeterend is kun je steeds anders invullen zodat het uitdagend blijft, zodat je er trots op bent.

In deel 1 heb ik de vijf p's genoemd, oftewel de vijf elementen die een droombaan in zich heeft. Deze vijf elementen (passie, passend werk, plezier, persoonlijke & maatschappelijke voldoening en poen) komen min of meer terug in de antwoorden van Hans, Onno en Arnold.

Hans heeft het voornamelijk over de gedragsuitingen van mensen die een droombaan doen: zij hebben positieve energie. Dit komt overeen met de p van plezier. Onno noemt zowel plezier als passie, maar ook talenten en kwaliteiten. Deze laatste twee komen overeen met de p van passend werk. Arnold spreekt behalve van behoeften en vaardigheden ook over een fit met de taken die iemand moet uitvoeren. Een zinvolle toevoeging, omdat je altijd moet kijken naar de omstandigheden waarin iemand werkt. Dit kun je scharen onder de p van passend werk.

Daarnaast spreken ze alledrie over het dynamische karakter van een droombaan. Je zult er altijd voor moeten zorgen dat je droombaan ook je droombaan blijft. Vooruitgang is belangrijk, het regelmatig evalueren van je droombaan en de fit tussen veranderende behoeften, vaardigheden en taken moet je blijven bijhouden. Dit komt nog het meest overeen met een van de geheimen van mensen met een droombaan, namelijk een proactieve houding.

Hans noemt daarbij nog dat je tegenwoordig in elke baan je droombaan kunt vinden. Dat blijkt ook uit het feit dat ik afgelopen jaar met 175 mensen uit totaal verschillende beroepen heb meegelopen, waarin mensen hun droombaan doen. Dit hebben we ook al eerder gezien uit het onderzoek van Amy Wrzesniewski.

Onno heeft het ook nog over 'het leveren van een bijdrage'. Dit komt weer overeen met de maatschappelijke voldoening die je uit je droombaan kunt halen. Aanvullend vroeg ik aan Hans en Arnold naar de raakvlakken die zij zien tussen hun onderzoek en droombanen.

Hans van der Loo

Heeft een droombaan ook te maken met een van jouw thema's, 'er zin in hebben'?

Jazeker. Ik onderscheid eigenlijk vier dimensies van zin.

- Betekenis: hier gaat het erom hoe je betekenis hecht aan dingen die je om je heen ziet gebeuren.
- Emotie: hier gaat het om zin in de vorm van het gevoel dat je erbij krijgt, de

betrokkenheid die je bij je baan hebt. Dit speelt zich voornamelijk in je onbewuste af.

- Doel: dit is zin als in ambitie. Als je ergens zin in hebt, wil je iets nuttigs doen en iets bereiken. Een zinnige baan levert je altijd ook iets concreets op.
- Motivatie: in beweging komen. Je hebt er zin in; je wordt innerlijk gedreven om in actie te komen.

Als je dit relateert aan droombanen, dan geldt hiervoor dat het een betekenis voor je moet hebben, het moet iets belangrijks voor je zijn. Een droombaan moet elementen bevatten die je raken. In 'normale' banen is dat vaak weggeëbd. Kijk maar eens naar verzekeringsmaatschappijen en andere bureaucratische organisaties: daar is alle emotie weggerationaliseerd. Managers zeggen dan: 'We verkopen een 'low interest'-product, dat voor mensen niet interessant is.' Ze vergeten daarbij te vertellen dat ze dat er zelf van hebben gemaakt. Ga maar eens kijken bij een huis dat in brand staat, of een auto-ongeluk. Daar komen wel degelijk heftige emoties bij mensen los! Als je dat besef weer terugbrengt in de baan, dan zul je ook zien dat je medewerkers betekenis en gevoelens bij hun baan krijgen en het niet meer hebben over dossiernummers.

Dan worden ook de laatste elementen belangrijk, te weten: de ambitie en de motivatie. Dan gaat het niet meer om het wegwerken van de dossierlast, maar het helpen van klanten. Daar wil je je wél voor uitsloven.

In veel organisaties worden banen letterlijk 'ontdroomd': ze worden ontdaan van elke magie en tot oppervlakkige 'functieprofielen' gereduceerd. Dan wordt het lastig om er nog iets van een droom in te zien. Maar het blijft altijd mogelijk!

Arnold Bakker

Je doet al jarenlang onderzoek naar de bevlogenheid van mensen in hun werk. Wat is bevlogenheid, en waar zitten raakvlakken met droombanen?
Bevlogenheid bestaat uit drie elementen.

- Vitaliteit. Mensen zitten vol met energie. Je kan heel goed je werk doen.

- Toewijding. Mensen zijn heel enthousiast. Je wil heel graag, bent gemotiveerd.
- Absorptie. Je gaat helemaal op in wat je doet. Dit zorgt ervoor dat je gefocust aan het werk bent.

Uit ons onderzoek blijkt dat 12% van de beroepsbevolking bevlogen is. Als je de connectie met droombanen maakt, kun je zeggen dat mensen die hun droombaan doen bevlogen mensen zijn. Bevlogen mensen hebben plezier in hun werk. Je kunt alleen bevlogen zijn als er een fit is tussen je behoeften of je passies, en je mogelijkheden en taakeisen. Plezier of bevlogenheid leidt ertoe dat je beter gaat presteren.

Wij hebben voor deze effecten een model ontwikkeld op basis van wereldwijd onderzoek onder tienduizenden mensen. Volgens dit model kan bevlogenheid ontstaan doordat mensen gebruikmaken van persoonlijke hulpbronnen (optimisme, stressbestendigheid, eigenwaarde) en werkgerelateerde hulpbronnen (zoals feedback over prestaties, sociale steun, autonomie, coaching). Mensen die bevlogen zijn weten deze hulpbronnen ook nog eens te mobiliseren als dat nodig is. Hierdoor houden ze hun baan uitdagend, zodat het dus ook hun droombaan blijft.

Uit het onderzoek van zowel Hans als Arnold blijken de elementen van zin en de kenmerken van bevlogenheid met elkaar overeen te komen. En dan vooral in de consequenties van gedragsuitingen, zoals enthousiasme, energie en motivatie.

Hans beschrijft de relevantie van droombanen hier voornamelijk vanuit een bedrijfsoptiek. Hij zegt: 'Zorg ervoor dat een baan betekenis heeft en dat het je raakt. Als hieraan is voldaan krijg je ook zin om iets te bereiken. Je raakt dan gemotiveerd om in actie te komen. Hou de droom levend!' Dat lijkt me een mooie *eye-opener* voor bedrijven. Door wellicht meer te sturen op het aannemen van mensen die hun droombaan doen, worden daarmee de voorwaarden geschapen om de dromen van het bedrijf te verwezenlijken.

Toen ik in mijn gesprek met Arnold de vijf p's beschreef, gaf hij meteen aan hoeveel parallellen dit heeft met het model dat hij gebruikt voor 'bevlogenheid in het werk'. Wat opmerkelijk is in zijn model, is de relevantie van de persoonlijke hulpbronnen die mensen kunnen gebruiken. Door deze in te schakelen kun je je droombaan uitdagend houden. Zijn model heeft mij geïnspireerd om het verband tussen de vijf p's te leggen. Mijns inziens zit het zo: als je werk doet waar je je behoeften (ofwel passies) in kwijt kunt, in combinatie met werk dat bij je past, leidt dit tot plezier in je werk. En plezier resulteert in persoonlijke en maatschappelijke voldoening en poen.

Hoofdstuk 22

Waarom zou je jouw droombaan doen?

Ik heb het al een aantal keer aangestipt in dit boek, en in veel van de verslagen is het ook merkbaar, dat de mensen die hun droombaan doen daar een goede reden voor hebben. Zijn er naast het simpele feit dat je in je leven ruim 80.000 uur werkt en dus maar beter iets kunt doen wat je leuk vindt, nog andere redenen te bedenken waarom je jouw droombaan zou moeten doen? Wat zeggen de experts?

Hans van der Loo

Waarom zou je wel of niet jouw droombaan doen?
Ik denk dat er twee soorten droombanen te onderscheiden zijn. De eerste is gebaseerd op drive – jongetjes van zes die op jonge leeftijd al weten dat ze voetballer willen worden, of pianist, of popster. Natuurlijk hebben ze dan ook nog het talent nodig, maar er is heel sterk een intrinsieke drive aanwezig om dit te gaan doen. Naast innerlijke kracht is ook de omgeving een belangrijke factor om de droombaan te realiseren (Is er een goede infrastructuur? Is er bemoediging in de directe omgeving van het kind?). Natuurlijk kunnen mensen die drive ook op latere leeftijd nog ontdekken.
De tweede soort droombaan is meer gebaseerd op geluk. Door de juiste mensen tegen te komen, zoals bijvoorbeeld een mentor, een docent die heel enthousiast is, of door stom toevallig ergens in te rollen. ('Ik kwam bij de schoolkrant terecht

en bleek het heel leuk te vinden om te schrijven.') Bij beide vormen is er een moment van bewustwording, van 'dit is het'.

Natuurlijk zijn er ook mensen die nooit een droombaan zullen hebben. Die werken voor het geld of uit gewoonte. De keerzijde van zo'n houding is, dat je altijd met het gevoel zult achterblijven iets belangrijks te hebben gemist. Het gaat er bij droombanen dus ook om hoe hoog je de lat voor jezelf wilt leggen, en wat je uit het leven wilt halen.

Wat je steeds meer ziet in onze huidige kenniseconomie is dat er steeds meer individuele keuzes gemaakt moeten worden, waarbij mensen moeten kijken naar hun eigen vooruitgang. In zo'n kenniseconomie wordt steeds meer beroep gedaan op de intrinsieke motivatie van mensen, hun improvisatievermogen en hun flexibiliteit.

Bij de instructie-economie deed je gewoon wat je werd opgedragen. Die was heel erg taakgestuurd. Daar was het ook niet noodzakelijk dat je elementen van je droombaan deed.

Arnold Bakker

Waarom zou je jouw droombaan doen?

Als je ervan uitgaat dat mensen met een droombaan bevlogen mensen zijn, kun je meerdere positieve effecten onderscheiden. Allereerst neemt de kwaliteit van je dienstverlening toe en zijn bevlogen mensen ook bewezen productiever en genereren ze meer omzet. Ook is het plezieriger om met een bevlogen persoon te werken. Die bevlogen bakker waar je net even een ommetje voor maakt. Bevlogen personen roepen bovendien meer steun op.

Verder blijkt dat mensen die plezier in hun werk hebben dat fijne gevoel ook mee naar huis nemen, waardoor het thuis allemaal wat lekkerder loopt, en je eerder geneigd bent om je partner te helpen. Je zit bovendien vaak psycho-fysiologisch beter in elkaar, waardoor je minder snel ziek wordt. En je relaties met anderen in de privésfeer zijn ook beter. Daarentegen zijn mensen die op hun werk gestrest zijn vaker ziek, en blijkt ook dat kinderen van deze mensen lagere cijfers op school halen. Plezier in je werk is dus zeker geen luxe.

Dit betekent overigens niet dat je alsmaar moet doorwerken, ook al is het je droombaan. Wat dan kan ontstaan is een vorm van compulsieve passie, ofwel werkverslaving. Bevlogenheid in het werk gaat veel meer uit van harmonieuze passie: werk dat in balans is met de andere dingen in je leven die belangrijk voor je zijn.

Onno Hamburger

Waarom zou je jouw droombaan doen?

Ik snap eigenlijk niet waarom je het niet zou doen. Werken is de belangrijkste tijd van je leven. Je besteedt vaak meer tijd op je werk dan met je partner en je vrienden. Het is dan toch zonde van je tijd als je niet je droombaan doet. Je hebt één leven en daar moet je alles in doen. Krijg geen spijt van de dingen die je niet hebt gedaan.

Waarom zou je het wel doen? Als je met passie en plezier werkt aan betekenisvolle dingen raak je ook in een flow. Het is zalig om in een flow te zitten. En omdat ik weet wat dat is, werkt het ook andersom: als ik er niet in zit is het frustrerend. Als je het heft in eigen hand neemt word je ook veel gelukkiger.

Hans legt de nadruk van het doen van je droombaan op individueel en op collectief niveau. Op individueel niveau gaat het om de vraag wat je uit het leven wilt halen, en hoe hoog je de lat wilt leggen. Als je dat niet doet zul je misschien altijd het gevoel houden dat je iets mist.

Interessant is ook zijn kijk op collectief niveau. Onze huidige kenniseconomie vraagt steeds meer om mensen die intrinsiek gemotiveerd zijn, kunnen improviseren en flexibel zijn. Mensen met een droombaan hebben deze kenmerken volgens hem, en dus is het ook voor jezelf belangrijk om je droombaan te doen om op die manier optimaal te functioneren.

Arnold ziet vooral heel veel positieve effecten in het doen van je droombaan.

De kwaliteit van dienstverlening neemt toe, mensen worden productiever, zijn plezieriger in de omgang en behalen een hogere omzet. Interessant voor bedrijven dus, om ook mensen aan te nemen die hun droombaan willen doen!

Maar het doen van je droombaan heeft nog meer invloed. Het plezier op het werk heeft ook een positieve invloed op je thuissituatie en op relaties. Zoals Arnold zegt: je droombaan doen is dus geen luxe! En Onno haalt het tijdsaspect aan: het is zonde van je tijd als je niet je droombaan doet. Daarbij is het zo dat als je je droombaan doet, je het heerlijke gevoel van flow kunt ervaren.

En *last but not least*... Je wordt veel gelukkiger van het doen van je droombaan. Dit laatste is een interessant gegeven. Heeft het doen van je droombaan invloed op het geluk in je werk en je leven? Hier heb ik Onno over doorgevraagd, wat te lezen is in het volgende hoofdstuk.

Hoofdstuk 23

Gelukkig werken

Wat voor cijfer zou jij jezelf geven als je moest aangeven hoe gelukkig je bent in je werk?

Deze vraag stelde ik afgelopen jaar ook aan mensen met een droombaan. Zij gaven hun droombaan gemiddeld een cijfer 8,6. Niet onaardig, lijkt me. Verhoogt een droombaan de kans op gelukkig werken en zo ja, wat zijn de consequenties hiervan? Waarom zou je geluk in je werk nastreven?

Onno Hamburger

Wat is de link tussen droombanen en gelukkig werken?
Mensen die hun droombaan doen zijn gelukkiger in hun werk. Als je jouw droombaan doet, onderneem je activiteiten waar je blij van wordt. Juist door dit soort activiteiten te doen neemt je gelukservaring toe. Dat blijkt ook uit onderzoek van Sonja Lyubomirsky, een belangrijke geluksonderzoeker. Veel mensen denken dat hun geluk wordt vergroot als de omstandigheden veranderen. ('Als ik de lotto win, dan... Als ik een andere baas zou hebben, dan...')
Maar de omstandigheden blijken maar voor 10% invloed te hebben op je geluksniveau. Veel belangrijker zijn de activiteiten die je doet (40%) en je genen (50%). In plaats van af te wachten wat je overkomt, kun je dus beter zelf actie ondernemen. Zorg ervoor dat je werk doet dat past bij je persoonlijkheid en dat het werk activiteiten bevat waar jij blij van wordt.

Je moet je dus bewust zijn van je situatie. En mocht je persoonlijkheid worden beheerst door negatieve emoties, dan zijn er genoeg oefeningen bekend om die emoties te verminderen.

Waarin uit zich het geluksgevoel, voor mensen die hun droombaan doen?
Uit verschillende onderzoeken blijkt dit zich op drie niveaus te uiten:
- Voor jezelf: gelukkige mensen zijn gezonder, hebben meer energie, zijn beter bereid tot samenwerking en worden meer gewaardeerd. Ze zijn creatiever, hebben minder last van stress en zijn productiever.
- Als je in een team werkt (onderzocht door Barbara Fredrickson) heeft het ook positieve effecten: een gelukkig team is meer winstgevend, werkt beter samen, is innovatiever en onder stress blijft het een hecht team.
- Ook is aangetoond dat gelukkige organisaties loyalere klanten en medewerkers hebben, en dat de betrokkenheid groter is. Dit is overigens wel lastig te meten en moet over langere tijd gedaan worden. Hier doet bijvoorbeeld de organisatie Great Place to Work al jarenlang onderzoek naar.

Als je jouw droombaan doet is de kans dus veel groter dat je lekker in je vel zit, het juiste doet en gewaardeerd wordt voor wat je doet. Je ervaart veel meer positieve emoties. Je staat ook veel opener voor je omgeving en dat versterkt het geluksgevoel dus ook op teamniveau.

Bij veel organisaties zitten mensen die niet hun droombaan doen. Dit uit zich onder andere in een hoger ziekteverzuim, meer klagen en mopperen, het afschuiven van verantwoordelijkheden en een verdedigende houding. Uiteindelijk blijken ongelukkige mensen ook minder lang te leven dan gelukkige mensen.

Op organisatieniveau wordt het daarom alleen nog maar belangrijker dat mensen op de juiste plek zitten en hun droombaan doen.

Uit onderzoek blijkt dus dat als mensen hun droombaan doen, hun gelukservaring toeneemt. Daarnaast heeft het nog meer positieve gevolgen: mensen met een droombaan hebben meer energie, zijn creatiever, productiever en worden meer gewaardeerd. Eigenlijk ook de kenmerken die Arnold Bakker noemde als gevolg van bevlogenheid in je werk.

Deze positieve gevolgen zijn nog verder gespecifieerd in onderzoek van dr. E. A. Das-Smaal (2006) naar de effecten van plezier in het werk. In dit onderzoek is ook gekeken naar het tegenovergestelde van plezier, namelijk werkstress.

Werkstress	versus	Werkplezier
Emotionele gevolgen		**Emotionele gevolgen**
Angstig, nerveus		Vertrouwen
Ontevreden		Tevreden
Ongemotiveerd		Gemotiveerd
Opgejaagd		Geduldig
Zorgen maken		Voldoening
Gedragsmatige gevolgen		**Gedragsmatige gevolgen**
Reactief		Proactief
Prikkelbaar		Productief
Fouten maken		Enthousiast, vrolijk
Vaker ziekmelden		Betrokken, toegewijd
Lichamelijke gevolgen		**Lichamelijke gevolgen**
Hoofdpijn		Energiek
Nek-en rugklachten		Twinkelende ogen
Slecht slapen		Geconcentreerd
Sociale gevolgen		**Sociale gevolgen**
Isoleren van anderen		Samenwerken
Conflicten op het werk		Collegiaal
Vermijden		Gewaardeerd
Minder belangstelling omgeving		Aandacht voor omgeving

Welke kolom spreekt jou het meeste aan?

Het is inmiddels wel duidelijk wat de positieve gevolgen zijn van het doen van je droombaan.

Als je je droombaan doet ben je gelukkiger in je werk, en naar grote waarschijnlijkheid ook in je privésituatie. Ook is aangetoond dat gelukkige mensen meer verdienen, minder vaak ziek en afwezig zijn, en langer hun baan uitoefenen. Bovendien hebben deze mensen meer weerstand en kunnen ze beter tegen stress. Dit is onderzocht door Martin Seligman. Hij is grondlegger van de positieve psychologie en doet al decennialang onderzoek naar geluk.

Nu is het aan jou om na te gaan wat je hiermee wilt doen.

Hoofdstuk 24

Droombaantips van de experts

In dit boek heb je in elk deel tips kunnen lezen van mensen met een droombaan. Ook de experts hebben speciaal voor jou hun droombaantips op een rij gezet.

Hans van der Loo

Heb je tips voor mensen die hun droombaan zoeken?

Als je al een baan hebt en het is niet je droombaan, ga dan eens wegstrepen waarom het niet je droombaan is. Je hebt ooit een keuze gemaakt voor deze baan. Waar is die keuze toen op gebaseerd en waarom heb je die keuze gemaakt? Wat heeft je daartoe destijds aanleiding gegeven?

Als dat positief van aard was, kun je die elementen weer wakker kussen. Je kunt de oorspronkelijke vonk weer aanblazen. Bedenk voor jezelf wat de momenten waren dat je op je best was, de echt positieve momenten. Wat zag je, wat deed je toen: ga die momenten eens na.

Kijk ook naar de elementen die jou in de weg staan: wat zijn de belemmerende factoren en wat zijn juist de negatieve aspecten? Bekijk dan of je invloed hebt op de positieve en negatieve punten, ga daar over praten met anderen. Probeer een nieuwe 'spark' te creëren en blijf daarin heel dicht bij jezelf.

Arnold Bakker

Waar moet je beginnen als je een droombaan wilt doen? Heb je aanbevelingen voor mensen die hun droombaan willen doen?

Veel mensen zullen misschien denken bij een droombaan: dat klinkt als ver weg en daarvoor zal ik iets anders moeten gaan doen. Ik denk juist dat een droombaan heel erg dicht bij jezelf ligt.

Het is iets wat je kunt. Als je steeds iets doet wat je niet kunt, betekent dit dat je faalt en dat dingen niet lukken. Dat is frustrerend en levert stress op. En een droombaan is iets waar je jouw behoeften in kwijt kunt. Op ieder potje past een deksel. En jij moet als deksel het juiste potje vinden. Je moet willen wat je kunt en kunnen wat je wilt.

Een droombaan is realistisch haalbaar, in de zin dat nastreven wat je wilt net op het randje van je kunnen ligt. Als je totaal geen talent hebt voor iets zal het nooit je droombaan worden.

Doe in je baan je best om iets te laten zien, om je vingerafdruk achter te laten. Ook van dag tot dag. Je krijgt op die manier heel veel terug. Klanten die het leuk vinden dat je ze plezierig helpt of collega's die het fijn werken vinden met jou. Alles wordt makkelijker.

Het kan zijn dat je depressief bent of wat somber aangelegd. Als dat zo is heb je waarschijnlijk eerst wat hulp nodig om je dit te laten inzien. Als je dit enigszins op orde hebt, kom dan vervolgens in beweging! Zodat je elke dag weer leuker kunt maken.

Naast deze zelfkennis is het ook belangrijk om door te zetten, juist in situaties als het even tegenzit. Leg jezelf ook doelen op. Maak afspraken met jezelf: dat je doelen haalt en als je dreigt ze niet te halen, dat je even extra doorzet om het te halen. Dat geeft dan een extra voldaan gevoel.

Beloon jezelf. Bijvoorbeeld als je iets hebt bereikt: een lekker wijntje opentrekken of een taart kopen. Je moet ook durven erkennen dat dingen niet altijd goed gaan. En probeer iets anders als het herhaaldelijk niet lukt.

Onno Hamburger

Hoe creëer je geluk in je werk?

Ik maak hiervoor gebruik van een zevenstappenplan, dat we inzetten bij klanten. Dit is het gelukskompas:

1. Mensen moeten ervoor openstaan. Bij veel organisaties zie je dat menen naar de omstandigheden wijzen. Het ligt aan de organisatie of aan de collega's. Deze mensen vinden dat de omstandigheden moeten veranderen en/of willen vaak een receptenboekje. Je moet zoveel complimenten geven, bij het opstaan drie keer 'tsjakka' roepen en dat soort dingen. Dat werkt dus niet! Mijn klanten moeten er zelf voor kiezen om gelukkig te werken. Er moet een interne drive zijn om dit te willen. Als die er is dan kun je echt beginnen. In de vervolgstappen gaat het dan om:

2. Ontdek jezelf. Wat is je persoonlijkheid?

3. Manage je eigen kwaliteiten. Het verbinden van passie en talent: in sommige dingen ben je goed, maar kosten je meer energie dan dat ze je iets opleveren.

4. Pauzeer voor rust en bezinning. Wat zijn mijn waarden, wat zou een ideale baan voor mij zijn, wat is een ideale organisatie voor mij?

5. Wees alert op valkuilen. Gelukkig werken of focussen op een droombaan kan leiden tot een aantal valkuilen die leiden tot ongelukkig werken. Zoals bijvoorbeeld te kritisch zijn op jezelf ('ik zou het nu toch moeten weten') of te optimistisch zijn (alleen kijken naar wat goed gaat).

6. Wees ambassadeur. Samen met anderen gelukkig werken is effectiever en leuker.

7. Stel een smart-actieplan op (specifiek, meetbaar, acceptabel, realistisch, tijdgebonden). Het is belangrijk om een actieplan te hebben, want op basis daarvan kom je pas echt in actie en daarin kun je veranderingen aanbrengen of aanpassingen doen.

Al met al...

Ook uit wetenschappelijk onderzoek en de inzichten van een aantal experts blijkt dat het doen van je droombaan allerlei positieve gevolgen heeft. Als je jouw droombaan doet, is de kans veel groter dat je lekker in je vel zit, het juiste doet en gewaardeerd wordt om wat je doet. Je ervaart veel meer positieve emoties en je staat ook meer open voor je omgeving – waardoor je ook een leuker persoon voor die omgeving bent. Mensen die hun droombaan doen zijn vaak gelukkiger in het leven, met alle positieve gevolgen van dien. Daarnaast wordt het in onze huidige kenniseconomie ook steeds belangrijker om je droombaan te doen.

Kom je tot de conclusie dat jij al je droombaan doet? Gefeliciteerd! Zorg er dan wel voor dat je droombaan ook je droombaan blijft – of dat nu in dezelfde baan is of iets anders. Ik hoop dat dit boek je dan vooral heeft geïnspireerd met leuke cases en aanknopingspunten voor het behouden van je droombaan.

Of doe je jouw droombaan (nog) niet? Je mag uiteraard zelf bepalen hoe jij tegen je werk aankijkt. Ik hoop dat het wel duidelijk is geworden hoeveel leuker je werkende leven kan zijn, als je wel je droombaan doet. Om nog niet eens te spreken van alle positieve effecten die het oplevert.

Hopelijk heeft dit boek jou geïnspireerd om op zoek te gaan naar je droombaan. Veel succes!

Nawoord

175 droombanen later en een schat aan ervaring rijker. Wat drie jaar geleden heel onschuldig begon met het idee om met een marktkoopman mee te lopen, heeft inmiddels heel wat teweeg gebracht. Tijd om het allemaal te laten bezinken heb ik nog niet gehad. Met de laatste droombanen in zicht was ik tegelijkertijd al druk bezig met de voltooiing van dit boek. Maar een ding is zeker: mijn droom is uitgekomen en mijn droombaanproject is geslaagd.

Van mijn droom om een jaar lang diverse beroepen te ervaren en de geheimen van mensen met een droombaan te achterhalen heb ik veel geleerd. Door echt mee te mogen lopen met deze mensen kreeg ik een uniek kijkje in hun wereld. Heel anders dan hen bijvoorbeeld te interviewen van achter een bureau, zag ik hen in actie, waardoor ze geen verstoppertje konden spelen. Door af en toe zelf aan de knoppen te draaien en de handen uit de mouwen te steken heb ik zelf ervaren wat zij elke dag meemaken.

Vaak is me gevraagd wat ik nu de bizarste, leukste of saaiste baan vond om te doen. Natuurlijk heb ik zo mijn voorkeuren, maar ondanks dat vind ik het heel moeilijk om banen met elkaar te vergelijken. En daar gaat het ook niet om. Belangrijk is dat het niet uitmaakt wat je doet. Of je nu vuilnisman, yogadocent of sierbloemteler bent. Het gaat erom hoe je invulling geeft aan jouw baan. Maak er zelf iets moois van. Doe werk waar je trots op kunt zijn en waar je met plezier elke dag weer aan begint. En natuurlijk zitten daar minder leuke dagen tussen. Zet vooral door en het belangrijkste: kom in actie!

Zoals met dit droombaanproject. Natuurlijk had ik het kunnen laten bij een idee om dan later misschien nog eens te denken: Had ik maar... Maar je leeft en werkt nu en de vraag is hoe je daar invulling aan wilt geven. Ik houd mezelf altijd voor dat ik om de tijd uit mijn comfortzone moet stappen. Om nieuwe ervaringen en inspiratie op te doen, mezelf te ontwikkelen en te leren wat deze wereld allemaal te bieden heeft.

Dat betekent niet dat elk pad over rozen gaat. Ook ik heb dit jaar met tegenvallers te kampen gehad. Momenten dat ik er even klaar mee was om iedereen maar achter zijn broek aan te zitten. Sponsors die op het allerlaatste moment afhaakten. Of geen inspiratie om bijvoorbeeld een verslag te schrijven na thuiskomst van een lange en slopende dag.

Maar dan hielp het altijd om te denken aan alle leuke reacties van mensen, de droombaandagen zelf en vooruit te kijken om mijn doelen te realiseren.

Ik heb met je mogen delen wat mensen met een droombaan anders doen. Dat heeft mij geïnspireerd en ik hoop jou ook. Daarnaast heb ik een mooi bedrag ingezameld voor jongeren in Oeganda. Jongeren die vaak geen eens de mogelijkheid hebben een vak te leren, laat staan hun droombaan te doen. Omdat ze bijvoorbeeld geen opleiding kunnen betalen of omdat ze onverwerkte trauma's hebben door de oorlog. Maar ook veerkrachtige jongeren. Jongeren die elke kans aangrijpen om hun leven op de rit te krijgen en de hoop op een betere toekomst niet uit het oog verliezen. Gelukkig zijn er organisaties zoals War Child die ze daartoe een zetje in de rug geven. Want uiteindelijk moeten ook zij het zelf doen, net als ieder ander.

En heb ik nu zelf mijn droombaan gevonden? Het leuke is dat ik een veel beter beeld heb gekregen van verschillende soorten beroepen. Daar was het mij ook om te doen. Gek genoeg heeft het Doejedroombaan project mij nog duidelijker gemaakt dat ik in mijn leven en werk een bijdrage wil leveren aan een betere wereld. Door een glimlach op het gezicht van anderen te toveren en mensen ervan te overtuigen dat we het samen moeten doen. Iedereen verdient een kansrijk leven.

Met nog meer passie en energie hoop ik me hiervoor te blijven inzetten.

Live your life en do good!

Joost Veldman
joost@doejedroombaan.nl
www.doejedroombaan.nl

Droombanenlijst

De 175 droombanen die ik in een jaar tijd heb gedaan (meer info op www.doejedroombaan.nl)

1. Aannemer
2. Activiteitenbegeleider
3. Actuaris
4. Advocaat
5. Animator
6. Apotheker
7. Archeoloog
8. Architect
9. Artistiek leider
10. Auteur
11. Autocoureur
12. Automonteur
13. Bakker
14. Barista
15. Beeldhouwer
16. Beleggingsanalist
17. Beroepsduiker
18. Beveiliger
19. Bierbrouwer
20. Binnenvaartschipper
21. Bloembinder
22. Boekbinder
23. Boekhandelaar
24. Boomverzorger
25. Bosbouwer
26. Boswachter
27. Brandweerman
28. Buitensportinstructeur
29. Cabaretier
30. Cameraman
31. Cateraar
32. Chefkok
33. Chief Experience Officer
34. Cineast
35. Circusdirecteur
36. Circusdocent
37. CliniClown
38. Componiste
39. Conceptmanager horeca
40. Consultant
41. Copywriter
42. Creatief directeur

192 DOE JE DROOMBAAN!

43. Crecheleidster
44. Croupier
45. Dansdocent
46. Decorontwerper
47. Deurwaarder
48. Dierenambulance
49. Dierenarts
50. Dierenverzorger
51. DJ
52. Docent Nederlands
53. Dolfijnentrainer
54. Dominee
55. Droomcoach
56. Edelmetaalgieter
57. Edelsmit
58. Editor
59. Electricien
60. Entertainer
61. Ergotherapeute
62. F16-piloot
63. Fietsenmaker
64. Fietskoerier
65. Fondsenwerver
66. Fotograaf
67. Fysiotherapeut
68. Gebarentolk
69. Geleidehonden-
    instructeur
70. Gelukscoach
71. Geodeet
72. Gitaarbouwer
73. Glaskunstenaar
74. Glazenier
75. Goochelaar
76. Groepsleider gevangenis

77. Guerillamarketeer
78. Havenmeester
79. Helicopterpiloot
80. Hoofdredacteur DD
81. Hoogleraar geluk
82. Hoteleigenaar
83. Hypotheekadviseur
84. IJsverkoper
85. Imker
86. Inspecteur GGD
87. Interieurontwerper
88. Intermediair MBO
89. Juf
90. Kaasaffineur
91. Kapper
92. Kastelein
93. Kermisexploitant
94. Keurmeester
95. Klokkenrestaurateur
96. Krachttrainer
97. Kunstenaar
98. Lachpsycholoog
99. Lichtman
100. Locatiescout
101. Logopedist
102. Loodgieter
103. Loods
104. Luchtverkeersleider
105. Majolicamaker
106. Makelaar
107. Marktkoopman
108. Mediathecaris
109. Metselaar
110. Meubelmaker
111. Minister

112. Misdaadverslaggever
113. Molenaar
114. Mountainbiketrainer
115. Nieuwspresentator
116. NLP coach
117. Opiniepeiler
118. Opticien
119. Paardeninseminator
120. Patissier
121. Politieagent
122. Printoperator
123. Productiemanager poppodium
124. Promotor
125. Radio-dj
126. Radiopromoter
127. Reclamemonteur
128. Regisseuse
129. Reisadviseur
130. Reisleider
131. Remedial teacher
132. Restaurator
133. Rietdekker
134. Sapontwerper
135. Schoenenmaker
136. Schoonheidsspecialist
137. Secretaresse
138. Sierbloemteler
139. Skileraar
140. Slager
141. Sluiswachter
142. Smid
143. Stemmakelaar
144. Straat-o-loog
145. Stralingsdeskundige
146. Stukadoor
147. Stuntman
148. Systeembeheerder
149. Tailor
150. Tandarts
151. Theatermaker
152. Theaterschooldirecteur
153. Touringcarchauffeur
154. Treinmachinist
155. Trendteller
156. Uitvaartbegeleider
157. Valkenier
158. Veiligheidscoördinator
159. Veilingmeester
160. Verhuizer
161. Verpleegkundige
162. Vertegenwoordiger
163. Visagist
164. Voedingskundige
165. Vormgever
166. Vrachtwagenchauffeur
167. Vuilnisman
168. Walsmachinist
169. Weerman
170. Wijninkoper
171. Yogadocent
172. Zanger
173. Zorgboer
174. Zorgcoördinator daklozen
175. Zwemcoach

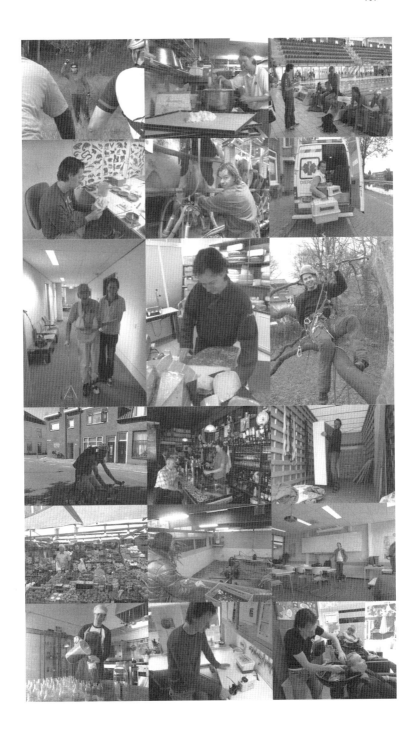

Dankwoord

Doejedroombaan is een mooi en inspirerend project geworden. Dat is mede te danken aan de steun en inzet van vele personen en organisaties. Via deze weg wil ik graag mijn dank uitspreken hiervoor.

Allereerst mijn vrouw Marleen. Zonder jouw steun, opbeurende woorden en flexibiliteit – van het begin tot het einde – was dit project nooit tot stand gekomen. Jij was 'gezond jaloers' zoals jezelf zei en juichte het idee alleen maar toe. Het is mooi en bijzonder om de ruimte te krijgen achter je dromen aan te gaan. Zeker omdat we net een dochtertje hadden gekregen en jij voor een groot deel de kosten van het huishouden op je hebt genomen. Daarnaast heb je me tijdens het project veel ondersteund en ook bij het schrijven van dit boek meegelezen en gecorrigeerd. Ik kan me geen lievere en specialere vrouw wensen!

Mijn ouders Karel en Mieke, die vol trots en ieder op hun eigen manier achter hun zoon staan, al mijn leven lang. Mam, bedankt voor het meeleven en alle lieve berichtjes op Facebook en pap, jij voor je tomeloze inzet en hulp bij de correcties van het manuscript. Daar wil ik graag meer mensen voor bedanken. Mijn zus Marjolein Veldman en vrienden Wouter Niks en Sander Stallinga. Dankzij jullie input en kritische kanttekeningen ligt er nu een boek waar ik erg trots op mag zijn.

Redacteur Renée Deurloo en uitgever Eduard Richter. Jullie zagen het zitten in het project en het voorstel voor het manuscript en hebben altijd op geduldige manier mij door het proces van het schrijven heen geloodst.

Dan alle personen en organisaties die bij de voorbereiding van het project betrokken waren. Patricia Schaafsma die haar creativiteit de vrije loop mocht laten gaan op ontwerp van het logo, de visitekaartjes, een Facebookpagina, webdesign en de voorkant van dit boek. Sander Kivits voor het assisteren voor het maken van een website in Wordpress. Monique Ebbs van Alternatief Kostuum voor het beschikbaar stellen van de beroepskostuums voor de fotoshoot, Stef Nagel voor het maken van de prachtige en stoere foto's die ik het hele jaar heb kunnen gebruiken tot op de cover van dit boek aan toe. Rutger Huizenga en Martine van Duin die me beiden wegwijs maakten op Twitter.

Pieter Valk voor het assisteren bij de persberichten en het verstrekken van een perslijst. Ivo Grupping voor het bedenken van een pakkende naam voor het project. Annelies de Bruine voor het leveren van studenten van Rockmelt Media die me de eerste drie maanden hebben geassisteerd. Studenten van Rockmelt Media; dank hiervoor. Ralf Bartsch voor het maken van een leader voor de filmpjes die ik maakte. Jan Willem Nieuwland van Full Colour voor het kosteloos maken van de visitekaartjes. Peter van der Helm en Matt van der Poel voor het meedenken over het concept en het aanleveren van namen van mensen met een droombaan.

Alexander Bakker en John van Schagen bij *Sp!ts*. Door jullie enthousiasme en inzet verscheen 'de Week van Joost' bijna wekelijks in de krant en pakten jullie ook tussentijds uit met grote pagina's over het project.

Leonie Lindeboom en Edward Touw van Monsterboard. Tweewekelijks verscheen er op de website en op de Facebookpagina van Monsterboard een 'Droombaan uitgelicht'.

Dennis en Martijn voor het programmeren van *Holland In Beroep* op jullie radiostation Werken.fm.

Walter Hueber van InfoPinnacle, Jos de Goeij en Marc Fonhof van Skills en Leo de Wit van de MBO Raad voor jullie support bij het zoeken naar mensen met een droombaan en de media-aandacht.

Peter van Loon van ConnectingYou. Jij geloofde in het project en wilde dit ook financieel ondersteunen. Rutger Pinas voor het maken van een widget op mijn Facebookpagina.

De dansschool van Harten voor de choreografie van de flash mob. Maarten van Floone Media, Thomas van Hablafish en Radek van Studio Zupa voor het filmen hiervan. Verder editor Hielke Idzerda en fotograaf Tony Lujien.

Ans de Jager van War Child in Oeganda voor het aanleveren van mooie foto's en informatie over het project Building Skills. Judith Bouwman van War Child hier in Nederland voor het enthousiasme en meedenken.

Verder al mijn vrienden, (schoon)familie, bekenden en volstrekt onbekenden die mij steunden door hun feedback, het wijzen op mensen met een droombaan en aanmoedigingen.

Ten slotte uiteraard alle droombaanhouders en bedrijven waar ik het afgelopen jaar met veel plezier een kijkje in de keuken mocht krijgen om mijn droom te verwezenlijken. Allen dank!

Literatuurlijst

Dit boek is gebaseerd op eigen onderzoek, mijn eigen ervaringen, gesprekken met experts en publicaties over dit onderwerp. Hieronder een overzicht van de belangrijkste geraadpleegde literatuur en websites.

Achor, S. (2010). *The Happiness Advantage: The Seven Principles of Positive Psychology That Fuel Success and Performance at Work.* New York: Crown Business

Bakker, A. (2009). 'Bevlogen van Beroep.'

CBS (2010 en 2011)

Csikszentmihali, M. (1999). *Flow: The Psychology of Optimal Experience.* New York; Harper Perennial Modern Classics

Das-Smaal, E.A. (2006). 'Zicht op werkplezier en werkstress.'

De Raad, B. & Doddema-Winsemius, M. (2006). *De big 5 persoonlijkheidsfactoren. Een methode voor het beschrijven van persoonlijkheidseigenschappen.* Amsterdam: Nieuwezijds.

Driessen, M. (2006). *De ondernemende ondernemer.* 's-Graveland: Entrepreneur Consultancy

Jiskefet. *Debiteuren Crediteuren.*

Klein, S (2003). *De geluksformule. Over het ontstaan van goede gevoelens.* Amsterdam: Ambo.

Lyubomirsky, S. (2009). *De maakbaarheid van geluk: een wetenschappelijke benadering voor een gelukkig leven.* Amsterdam: Archipel.

Martson, W. (2007). 'Emotion of Normal People.'

Nyenrode Universiteit en Persgroep Banen (2010). 'Onderzoek naar de drijfveren van mensen op de arbeidsmarkt.'

Rulersgroup (2010). 'Marktonderzoek ZZP in ICT.'

Scholieren.tv (2011). 'Droombanen volgens scholieren.'

Seligman, M. (2003). *Authentic Happiness: Using the New Positive Psychology to Realize Your Potential for Lasting Fulfillment.* New York: Free Press

The Voice Kids (2012). Persbericht 'Aanmeldingen *The Voice Kids* stopgezet'.

TNS NIPO (2008). 'Droombaanonderzoek.'

Van den Born, A. (2009). *The drivers of career success of the job-hopping professional in the new networked economy.* Amsterdam: Born To Grow.

Villa Achterwerk (2008). 'Villa Beroepen top 10.'

Wrzesniewski, A, Mc Cauley, C.P. & Schwartz, B. (1997). 'Jobs, careers and callings: People's relations to their work.'

www.123test.nl